内河船舶助航仪器

主 编 谭 静 王 强 冉崇进

副主编 王祖勇 费世年 廖 洋 汤安全 王 超

主 审 范晓飚 宋 娟

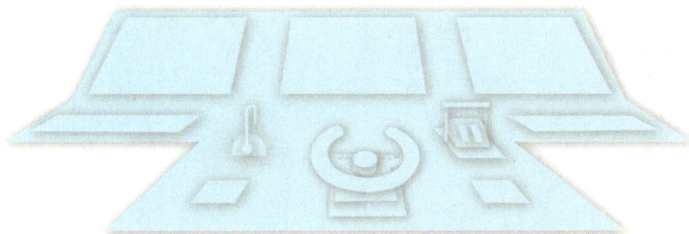

大连海事大学出版社

DALIAN MARITIME UNIVERSITY PRESS

ⓒ 万州高级技工学校　**2022**

图书在版编目（CIP）数据

内河船舶助航仪器／谭静,王强,冉崇进主编. ——
大连 : 大连海事大学出版社，2022.9
ISBN 978-7-5632-4302-0

Ⅰ. ①内… Ⅱ. ①谭… ②王… ③冉… Ⅲ. ①内河航
道—助航设备 Ⅳ. ①U644.34

中国版本图书馆 CIP 数据核字(2022)第 171804 号

大连海事大学出版社出版

地址:大连市黄浦路523号 邮编:116026 电话:0411-84729665(营销部) 84729480(总编室)
http://press.dlmu.edu.cn E-mail:dmupress@ dlmu.edu.cn

大连天骄彩色印刷有限公司印装　　　　　　　　**大连海事大学出版社发行**

2022 年 9 月第 1 版　　　　　　　　　　　　2022 年 9 月第 1 次印刷
幅面尺寸:184 mm×260 mm　　　　　　　　　　　　印张:14
字数:338 千　　　　　　　　　　　　　　　印数:1~500 册

出版人:刘明凯

责任编辑:刘宝龙　　　　　　　　　　　　　　责任校对:史云霞
封面设计:张爱妮　　　　　　　　　　　　　　版式设计:张爱妮

ISBN 978-7-5632-4302-0　　　定价:63.00 元　　审图书:GS(2022)4400 号

《内河船舶助航仪器》
工学一体化教材编委会

前　言

为进一步提升内河船舶船员培训质量,提高船员实操能力,打造高素质船员队伍,根据《中华人民共和国船员条例》《中华人民共和国船员培训管理规则》,交通运输部组织编制了《内河船舶船员适任培训和考试大纲(2019版)》。为满足内河船舶驾驶专业学员学习和考取适任培训合格证书的需求,重庆万州技师学院组织骨干教师对长江内河企业进行广泛调研,对内河船舶助航仪器操作和管理的要点与一线船员进行了深入的研讨,并在此基础上,以学校船舶驾驶综合实训室的教学实训设备为对象编写了本教材。本教材内容符合《内河船舶船员适任培训和考试大纲(2019版)》的要求,并符合船上工作实际。

本教材按照工学一体化教学要求,采用理实一体、任务驱动的模式编写。为了培养学生的职业能力,我校将理论教学与实践认知作为一个整体考虑,根据职业培养要求制订教学计划与大纲,构建职业能力整体培养目标体系,并通过各个教学环节的落实来确保整体培养目标的实现。

本教材的表述尽量通俗易懂。通过对本教材的学习,学生可以尽快掌握应知应会的理论知识,从而领悟"学会认知、学会做事、学会学习、学会共处"的教学理念,学生既能掌握必备的理论知识和操作技能,又能自觉地将所学理论与实际紧密结合。同时,"双师型"教师把专业理论与生产实训有机地结合起来,高效率地教会学生知识,形成学生乐学、教师愿教、教学相长的良好局面。

本教材内容涉及九个项目,其中:回声测深仪及其操作、船用计程仪及其操作由费世年老师负责编写;AIS(自动识别系统)及其操作、长江电子航道图及其识读由王强老师负责编写;船用雷达及其操作由廖洋老师负责编写;VHF(甚高频无线电话)及其使用由冉崇进老师负责编写;船用GPS及其操作由王祖勇老师负责编写;船用北斗及其操作、船用磁罗经及其使用由谭静老师负责编写。

本教材由谭静、王强、冉崇进任主编,王祖勇、费世年、廖洋、汤安全、王超任副主编,范晓飚、宋娟任主审,谭静、王强统稿。

本教材可作为职业院校内河船舶驾驶专业的教学用书,也可作为内河船舶驾驶员适任培训用书。重庆海事局、重庆交通大学、内河航运职教集团、重庆航运协会等单位对本教材的编写给予了大力支持,在此特表谢意。由于书中难免存在错误和疏漏,欢迎广大读者和专家批评斧正(意见及建议邮箱:292578947@qq.com)。

目　录

项目一

回声测深仪及其操作

学习目标

1. 能叙述回声测深仪的测深原理。
2. 能绘制回声测深仪的组成框架图。
3. 能叙述回声测深仪的技术指标。
4. 能通过查阅回声测深仪说明书,明确测深仪面板主要按键的名称及作用。
5. 能对回声测深仪进行菜单设定。
6. 能用回声测深仪所测得水深助航。
7. 能对回声测深仪进行日常维护保养。
8. 能主动获取有效信息,展示学习成果,及时对学习和工作进行反思,并与他人合作共享,沟通总结经验。

建议学时

6学时。

工作流程与活动

1. 认知回声测深仪(1学时)。
2. 回声测深仪的操作(4学时)。
3. 工作总结与评价(1学时)。

情景导入

1. 工作情景描述

船舶进入某浅水区,需实时检测船舶航行水域的水深情况,满足船舶航行有充足的富余水深,保障船舶安全航行。

2. 学习导入

(1)安全作业、实训规范教育。
(2)回声测深仪操作规程教育。
(3)古代如何测量水深→测深仪。

学习热身

● ES9000-06/ES600S 型回声测深仪使用说明

一、控制界面

ES9000-06/ES600S 型回声测深仪的控制界面,如图 1-1 所示。控制界面各功能键的作用,如表 1-1 所示。

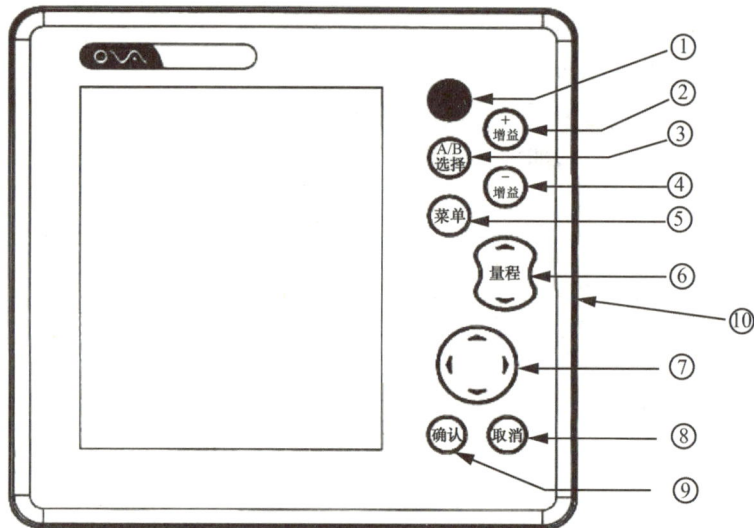

图 1-1　控制界面

表 1-1　各功能键的作用

序号	控制	功能
①	电源/亮度	打开或关闭设备/打开亮度调节及配色菜单
②	+增益	手动增益时,增益值增加

（续表）

序号	控制	功能
③	A/B 选择	切换 A/B 通道，手动增益时可分别调整。注：ES9000-06 无此功能，暂做预留
④	−增益	手动增益时，增益值减小
⑤	菜单	打开菜单设置
⑥	量程	调节量程大小
⑦	光标选择	在菜单中移动光标，调整参数设置
⑧	取消	返回及退出当前操作
⑨	确认	用于需要确定才能生效的功能和选项
⑩	SD 卡槽	可插入 SD 卡进行软件升级，以及使用存储回放功能

二、界面显示

ES600S 默认双频率显示（如图 1-2 所示）：

①当增益方式为自动增益时，增益提示为菜单中设定的自动增益低、中、高指示，分别为 L、M、H。

②STC、干扰抑制、发射功率、脉冲宽度指示分别对应菜单中设定值：

STC：−、ON（STC：关、开）；

IR：−、L、M、H（干扰抑制：关、低、中、高）；

Tx：H MP（发射：发射功率，脉冲宽度）；

发射功率：发射功率为最高（H）；

脉冲宽度：USP、SP、MP、LP（超窄、窄、中、宽）。

ES9000-06 默认单频率显示。

三、电源开/关

按住【电源】键，开启设备。

按住【电源】键，并保持 3 s，关闭设备。

通过【光标选择】键调节亮度。

通过【光标选择】【▲】、【▼】键依次选择背景灯、键盘灯和情景色选项。

通过【光标选择】【◀】、【▶】键调节亮度或选择情景色模式。

注：颜色部分表示选中状态。

四、菜单键的操作

用【菜单】键、【光标选择】键或【取消】键，可以操作和设定菜单。

1.【菜单】键

按【菜单】键，显示菜单 1。

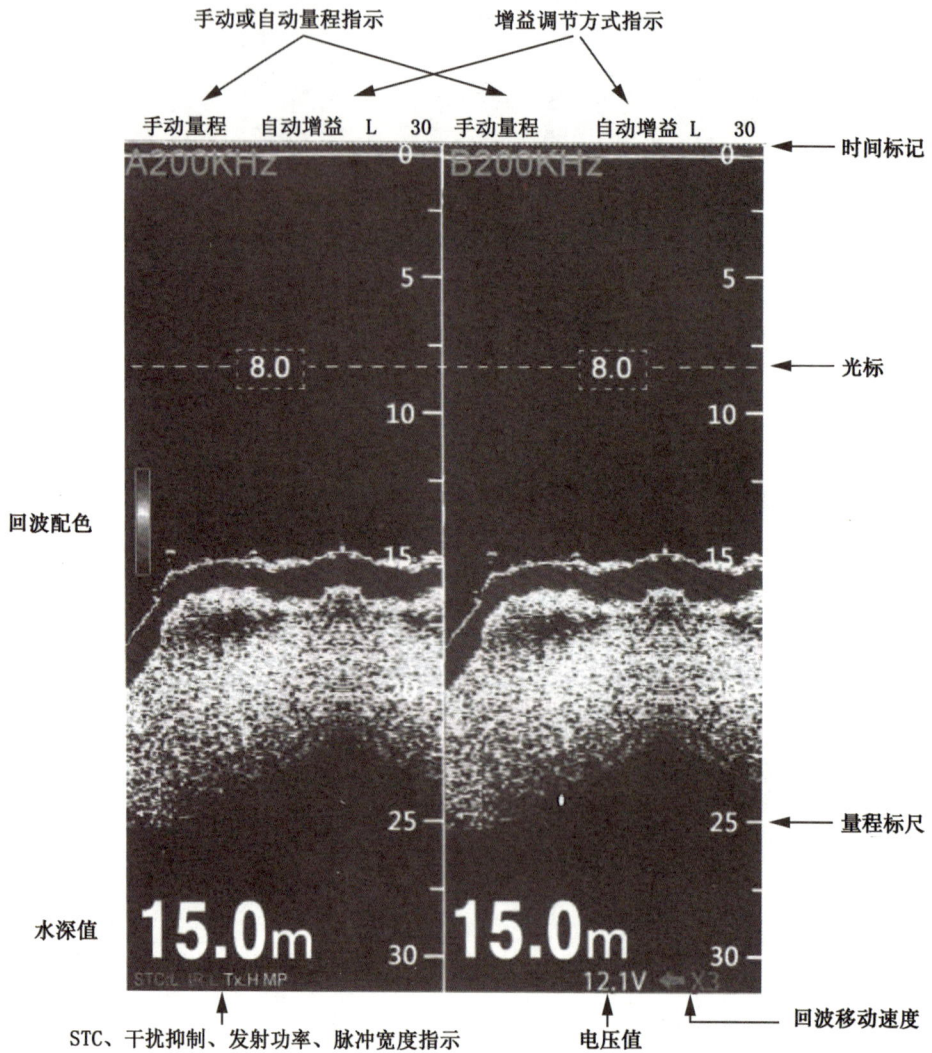

图 1-2   显示界面

再按【菜单】键,显示菜单2。

在子菜单下,根据提示,按【菜单】键返回前一菜单。

在菜单2下再按【菜单】键,关闭菜单;或在任意菜单下按【取消】键,关闭菜单。

2.【光标选择】上/下键

按【▲】键,菜单中绿条向上移动。

当绿条在最上端时,按【▲】键,绿条移动到最下端。

按【▼】键,绿条向下移动。

当绿条在最下端时,按【▼】键,绿条移动到最上端。

绿条所在选项可改变选项值。

3.【光标选择】左/右键

按【◀】、【▶】键,设定绿条所在菜单中的选项。选项修改后,修改后的选项被启用。

4.【确认】键

【确认】键用来更改出厂设置,按【确认】键,确定更改的数值。

选中菜单中的一项,按【确认】键,进入选择项单项小菜单。

5.【取消】键

【取消】键的作用是关闭菜单或取消当前操作。

显示选择项单项小菜单时,按【取消】键可返回大菜单。

6. 量程调整

根据实际情况,可自行调节显示量程的范围。

每按【▲】键,显示深度增大。

每按【▼】键,显示深度减小。

7. 增益调节

为了容易区别海底或鱼群,需调节测深仪的接收灵敏度。调节范围从 1 到 40 共 40 级,以数字和黄色彩条显示。

ES600S 可独立通道控制,通过【A/B 选择】键,可对 A/B 通道分别独立控制增益调节。

每按【+增益】键,可提高接收灵敏度。

每按【−增益】键,可降低接收灵敏度。

五、菜单中的设定

1. 画面移动速度

画面移动速度是指画面图像的移动速度,图像向左移动,右端是最新的图像。

在一般场合下,如果深度变浅,则在一定时间内的声波发射次数增加,发射速度变快;反之,如果深度变深,则在一定时间内的声波发射次数减少,发射速度变慢。

在菜单 1 中有 7 种移动速度可供选择,分别为:停、1、2、3、4、X2、X3。

自动量程自动增益(灵敏度)是根据海底的响应自动调节所设定的灵敏度电平。在菜单 1 中设定自动增益:

关:关闭自动增益。低:自动增益打开,灵敏度调节设置为低;中:自动增益打开,灵敏度调节设置为中;高:自动增益打开,灵敏度调节设置为高。

在菜单 1 中设定自动量程,根据海底深度变化,自动调整量程。

关:关闭自动量程,使用手动量程。

开:打开自动量程。

2. 超级量程

打开超级量程后,切换量程时,历史图像会根据当前深度自动衔接,使历史图像的深度值符合当前量程。

开:打开超级量程功能。

关:关闭超级量程功能。

3. 放大倍数

可把海底图像放大率设定为 2 倍、4 倍、8 倍和 R(最大放大,分辨率为 1 cm)倍。

在菜单 1 中设定放大率:X2、X4、X8、XR。

4. 放大模式

放大模式显示:

画面的右侧为正常图像,左侧为放大后的海底图像。

依次选择以下三种模式:

关:显示正常的探测画面。

海底锁定:

海底轮廓被表示为一条直线。

在显示的轮廓中,放大某一特定的区域。

自动放大:海底被放大和显示。

注:放大的显示区域变化依赖于放大的倍数,其在菜单中设置,默认为 2 倍。

5. 2A 模式

显示在屏幕的右侧,它的宽度随着波纹强度的改变而改变。强的发射幅度宽,弱的发射幅度窄。在菜单 1 中设置:

关:关闭 A 模式。

开:打开 A 模式。

6. 消色

在菜单 1 中设定消色功能:

按【光标选择】【右】键,从弱到强回波对应的彩色依次消失。

按【光标选择】【左】键,从强到弱回波对应的彩色依次恢复。

7. STC

STC 是一种抑制在约 100 m 的较浅处的灵敏度,以除去浮游生物和气泡的发射图像的功能。STC 越强,海表面附近的灵敏度越低。STC 很强时,海表面回波消失;STC 很弱时,海表面回波变强,无法区分出杂物图像。

在菜单 1 中设定 STC:关、开。

8. 干扰抑制

当显示表面出现很大的杂波时,可通过干扰抑制功能进行调节。菜单 1 中设定干扰抑制功能:关、低、中、高。

9. 脉冲宽度

当选择窄脉冲宽度时,回波信号相应减弱。当选择较长的脉冲宽度时,回波信号相应增强。出厂默认设置脉冲宽度为中等长度。

在菜单 1 中设定脉冲宽度:超窄、窄、中、宽。

10. 标记

为方便用户添加标注,方便再次使用,增加了标记功能。

选择标记后按向右方向键,显示标记画面。

11. 存储控制

在菜单 1 中进行设置,以时间间隔存储海底图像,用户可根据需要选择不同的时间间隔存储:关、1 s、15 s、30 s、1 min。

选择【关】,停止存储,并以时间为文件名将已经记录的数据保存。

选择存储时间间隔,即以该时间间隔开始记录存储。

注:存储及回放功能,需要在设备中插入 SD 卡后,才能实现当前深度数据的存储及历史数据的回放。

12. 回放速度

在菜单 1 中设置回放速度,有 X2、X4、X8、X16 可供选择。

13. 回放控制

关:关闭回放。

开:打开回放,选择存储的文件进行回放。

14. 水深报警

在菜单 2 中进行设定水深报警:

在浅水及深水设定值范围内或范围外报警。

(1)有三种选项可供选择。

关:关闭水深报警。

范围内:在 2 种水深数值范围内报警。

范围外:在 2 种水深数值范围外报警。

(2)浅水、深水 2 种水深数值单独设定。

15. 电压报警

低压和高压报警,在菜单 2 中设定电压报警:

开:低于低压值或高于高压值报警。

关:关闭电压报警。

低压值和高压值单独设定。

16. 图像显示

在菜单 2 中设置画面显示方式如下：

左右：左右双通道画面显示。

上下：上下双通道画面显示。

单 A：仅显示 A 通道画面。

单 B：仅显示 B 通道画面。

注：ES9000-06 为单频率换能器，无此功能。

17. 电压修正

当画面显示的电压与实际的电压相差时，电压修正可以用来矫正显示的电压值。

在菜单 2 中进行设定，用【光标选择】的【◀】键或【▶】键修改值。

18. 时间修正

时间修正包含对时区、年、月、日、时、分、秒的修正。

19. 深度数字显示大小

在菜单 2 中可设置深度数字显示的大小：小、中、大。

20. 本船位置信息显示

当输入 NMEA0183 GPS 数据时，可以将本船的位置信息显示在画面左上角，包括：本船经纬度、航速、航向及时间。

在菜单 2 设定本船位置是否显示：

经纬度、航速、航向、时间前面勾选了即显示，否则不显示。可以显示其中的一项或者多项。

21. 模拟模式

在没有连接换能器的情况下，可以正常执行测深仪的操作。

在菜单 2 设定模拟模式：关、开。

当打开模拟模式功能时，"模拟模式"提示字样在屏幕中间显示。

选择【关】，回到正常测深仪的操作。

22. 深度单位

在菜单 2 中可设定深度单位：米、英尺或英寻。

23. 速度单位

在菜单 2 中可设定速度单位：节或公里/小时。

24. 经纬度单位

在菜单 2 中可设定经纬度单位：度分秒、度分、度。

25. 情景色

【光标选择】左、右键可切换 8 种情景色。

26.系统设置

在菜单 2 中进入系统设置子菜单,包含下列设置:

(1)语言选择

支持中文、英文、韩文及越南文显示。

(2)深度显示

从 0 到 10 调节,调节主界面下深度数字显示的透明度。

(3)标尺线

打开标尺线时,在量程标尺的画面上用水平虚线表示。

关:关闭标尺线功能。

开:打开标尺线功能。

(4)最大量程

调整最佳可用深度范围:80、100、200、300、最大。

(5)声速预置

设定声速预置,出厂默认为 1 500 m/s。

(6)增益预置 A

根据不同的水深环境,调整 A 通道灵敏度到合适的范围。

例如:出厂设定灵敏度调节范围为-20~20

增益预置设置为-5,则灵敏度范围为-5~0;

增益预置设置为+12,则灵敏度范围为 0~20。

注:增益预置调整范围为-20~+20。

(7)增益预置 B

根据不同的水深环境,调整 B 通道灵敏度到合适的范围。

注:ES9000-06 为单频换能器,故只有一个增益预置。

(8)吃水调整 A

根据 A 通道换能器安装的位置,调整本船的吃水深度。

当换能器安装位置在船底时,调整吃水值(即换能器到水平面)在 0~10 m 时,调整后,显示深度为水底到水平面的深度。

当换能器安装在船舷时,调整吃水值(即换能器到船底)在-10~0 m 后,显示深度为水底到船底的深度。

例如:未设置吃水调整　　　　　　吃水调整设置为 2.0

```
  0.0 —                  2.0 —

  5.0 —                  7.0 —

 10.0 —                 12.0 —

 15.0 —                 17.0 —
```

注:吃水调整范围为-10~10 m。

(9)吃水调整 B

根据 B 通道换能器安装的位置,调整本船的吃水深度。

注:ES9000-06 为单频换能器,故只有一个吃水调整设置。

(10)出厂设置

当仪器显示和功能紊乱时,执行此功能,测深仪所有的设定都回到出厂初始状态。如需恢复出厂设置,按【确认】键执行。

六、定期检查

定期检查换能器的电缆、插头,电源的电压、电缆、插头等。

1. 清洁显示单元

显示单元表面的灰尘和污渍可以用软布擦除,如果必要,也可以用湿润的软布进行清洁。擦拭液晶表面时,请特别注意,因为它容易被擦伤。不要使用化学清洁剂,因为它们可能会把主仪器表面的漆或标记擦掉。

2. 换能器的维护

附着在换能器表面的水生物会导致换能器灵敏度减小。船舶每次进坞检修时,都应检查换能器工作面,应小心地用小木片或上等砂纸擦除换能器工作表面的水生物。

3. 故障检查

表 1-2 提供了基本故障检查程序,用户可以根据它恢复普通的操作。

表 1-2　故障检查表

故障现象	检查操作
既无回波,也无固定的量程刻度	电源的电缆、插头
无回波出现,但有固定的量程刻度	换能器的插头
有回波出现,但无深度读数显示	增益、干扰抑制(STC)设置
灵敏度低	增益设置过小; 干扰抑制(STC)设置过大; 是否有气泡或水生物附着在换能器工作面、当前水中是否有沉淀物
有极大的干扰或噪声	换能器是否太靠近引擎; 仪器是否正确接地; 附近是否有另一个同频率的回声测深仪正在工作

学习任务 一
认知回声测深仪

学习目标

1. 能按照实训车间规程进行安全参观。
2. 能叙述水声学基础知识。
3. 能用图文叙述回声测深仪的原理。
4. 能绘制回声测深仪的组成框架图。
5. 能叙述回声测深仪的性能指标。
6. 能叙述回声测深仪各按键的功能。
7. 能通过参观体验产生浓厚的学习兴趣。

学习过程

一、实训安全作业教育

安全文明作业是船员应具备的基本素质之一,能否安全操作直接影响船员生命安全、船舶航行安全以及海洋环境安全。作为一名新船员,需培养良好的操作能力和养成文明的操作习惯,为具备良好船艺打下坚实基础。

(一)通过查阅资料或阅读实训车间操作规程,指出回声测深仪的操作注意事项。

_____

_____

_____

_____

(二)叙述回声测深仪实训室安全用电应注意哪些事项。

_____

_____

二、认知水声学基础知识

(一)查阅资料,解释以下名词。

1. 声波

_____

_____

_____

2. 次声波

_____

_____

_____

3. 可闻波

_____

_____

_____

_____

4. 超声波

_____

_____

_____

(二)声波在空气中的传播速度一般是_____m/s;在海水中的传播速度是_____m/s;在钢铁中的传播速度是_____m/s。

三、认知回声测深仪

回声测深仪原理,如图 1-3 所示。

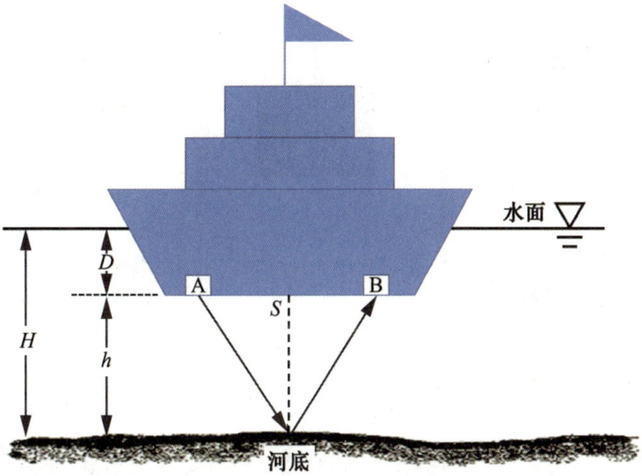

图 1-3　回声测深仪原理图

(一)认知回声测深仪原理

根据图 1-3,已知声波在水中的传播速度为 C(约 1 500 m/s);声波从 A 发射时开始计时,传至河底,经河底反射至 B,所经历时间为 T;A、B 间水平距离(基线)为 S;h 为换能器表面至河底的距离即测量深度;D 为水面至换能器表面的距离。根据已知信息,求水面至水底的深度 H(写出公式)。

(二)认知回声测深仪整机框架图

根据回声测深仪整机框架图(图 1-4),查阅资料,叙述回声测深仪整机构成及工作时序。

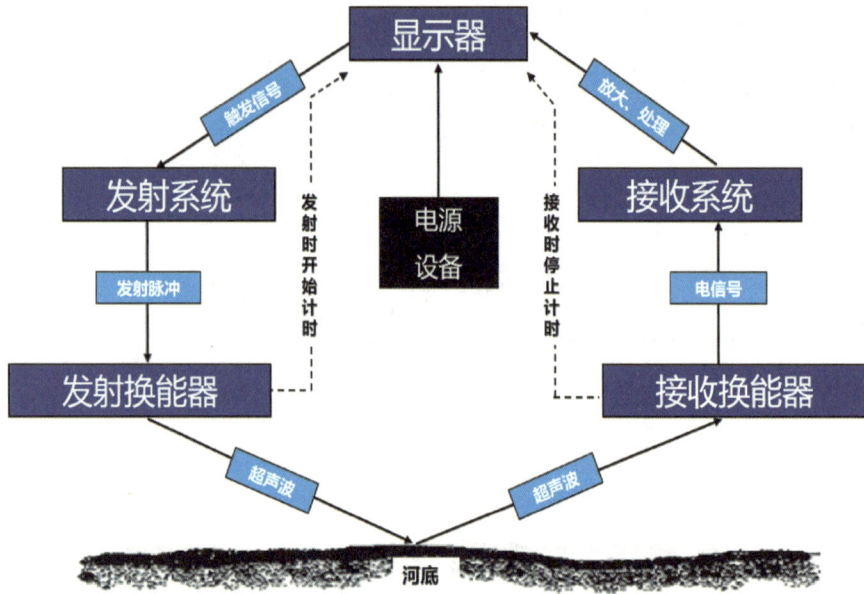

图 1-4　回声测深仪整机框架图

(三)认知回声测深仪性能参数

阅读 ES9000-06 型回声测深仪技术参数表(表 1-2),完成以下空白内容:

表 1-2　ES9000-06 型回声测深仪技术参数表

型号	ES9000-06
显示	15 英寸彩色液晶显示器
分辨率	480~640 px
信号处理	DSP 数字信号处理
频率	200 kHz
输出功率	300~600 W
工作电压	DC24 V(11~35 V)
测量精度	0.1 m
小盲区	0.2 m
量程	0~500 m
自动量程	OFF/ON

（续表）

型号	ES9000-06
A 模式	OFF/ON
电压报警	OFF/ON
标尺线	OFF/ON
STC	OFF/L/M/H
自动增益	OFF/L/M/H
深度报警	OFF/范围内/范围外
放大模式	OFF/自动/手动/海底锁定
深度单位	米、英尺、英寻
放大倍数	2 倍、4 倍、8 倍、R 倍(实际分辨率)
背景颜色	8 种
回波色标	256 色
画像速度	7 级(停止,1/8,1/4,1/2,X1,X2,X3)
SD 数据卡	存储及回放功能,快速升级程序
NMEA 输出	深度数据(DPT/DBT)
NMEA 输入	GPS 信息(GGA/RMC/VTG)
系统语言	简体中文、英文、韩文、越南文
温度范围	−10~40 ℃
串口打印	适用于打印机 DPU-414
适配换能器	A-TD25,A-TD26,A-PD204D
装箱	主单元、电源线、安装支架、备品备件、配件、说明书

1. 沿海(内河)船舶回声测深仪的最大测量深度一般为 100~200 m,远洋船舶回声测深仪的最大测量深度一般要求为 400 m。ES9000-06 型回声测深仪的最大测量深度为_____m。

2. ES9000-06 型回声测深仪的测量精度为_____m。

3. 查询资料,解释以下三种显示方式。

(1)LED 显示:

(2)CRT 显示:

(3)LCD 显示:

(四)认知 ES9000-06 型回声测深仪各功能键

对照图 1-5,查阅资料,阅读 ES9000-06 型回声测深仪使用手册,完成表 1-3 空白内容:

图 1-5　ES9000-06 型回声测深仪

表 1-3　ES9000-06 型回声测深仪使用功能表

按键	功能
① 电源/亮度	
② +增益	
③ A/B 选择	
④ −增益	
⑤ 菜单	
⑥ 量程	
⑦ 光标选择	
⑧ 取消	
⑨ 确认	
⑩ SD 卡槽	

学习任务 二
回声测深仪的操作

学习目标

1. 能对回声测深仪进行系统设置。
2. 会使用回声测深仪菜单中的设定。
3. 能对回声测深仪进行维护保养。
4. 能用回声测深仪所测得水深助航。

学习过程

一、系统操作

阅读说明书,完成以下操作:

(一)菜单键操作;
(二)亮度及配色管理;
(三)量程调节;
(四)增益调节;
(五)语言设置;
(六)出厂设置。

二、菜单操作

(一)画面移动速度;
(二)放大(放大倍数、放大模式);
(三)STC;
(四)干扰抑制;
(五)脉冲宽度;
(六)标记;
(七)储存;
(八)回放(回放速度、回放控制);

（九）报警（水深报警、电压报警）；

（十）显示设置（图像显示、数字大小显示、本船信息显示）；

（十一）单位设置（深度单位、速度单位、经纬度单位）；

（十二）吃水调整。

三、回声测深仪进行维护保养

（一）观察回声测深仪外观（回声测深仪面板如图1-6所示），查阅说明书对其_____

_____进行日常检查。

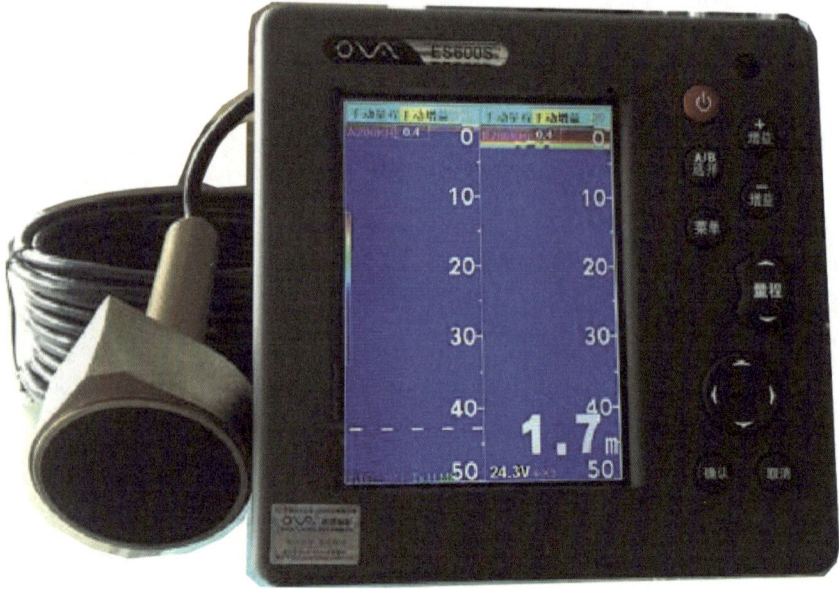

图1-6　回声测深仪面板图

（二）查阅说明书，简述如何清洁显示单元。

_____

_____

_____

_____

（三）阅读资料，查阅说明书，简述换能器安装与维护的注意事项。

_____

_____

_____

_____

（四）故障检查

阅读资料，查阅说明书，完成表1-4空白内容：

表1-4　回声测深仪故障检测表

故障现象	检查操作
既无回波，也无固定的量程刻度	
无回波出现，但有固定的量程刻度	
有回波出现，但无深度读数显示	
灵敏度低	
有极大的干扰或噪声	

四、回声测深仪在内河船舶上的应用

1. 日常航行中实时观测水深，熟知船舶航行水域水深情况。

2. 船舶抛锚时，先测量锚地水域水深情况，再确定抛锚操纵。

3. 船舶过浅滩时实时测量水深，确保船舶航行在深泓线附近。

4. 测深仪显示的数据是测深仪换能器至河底的距离，内河船舶一般安装一个换能器，其安装位置在距船首约1/3倍船长的地方。当船舶尾倾时，船尾底部实际水深小于测深仪显示的水深，其差值约为首尾吃水差。在引航操作过程中，为了保障船舶航行安全，要充分考虑船舶尾部留有足够富余水深。

5. 船舶通过浅水或水深不明区域时，可利用测深仪水深报警功能，提醒船舶驾驶员安全通过。调节报警按键可设置报警深度，内河船舶根据吃水大小设置报警水深，一般一类船舶报警水深设置为2~5 m。

学习任务 三
工作总结、评价与课后拓展

学习目标

1. 能结合自身任务完成情况,正确规范撰写工作总结。
2. 能按分组情况,分别派代表叙述工作成果,说明本次任务完成情况,并对本小组分析总结。
3. 能就本次任务中出现的问题,提出整改措施。
4. 能对本次工作进行反思,并能与他人交流,总结工作经验。

学习过程

一、个人自评

二、小组评价

_____

_____

_____

_____

三、教师总结

(一)对各组完成任务的优点进行评价。

_____

_____

_____

_____

(二)找出各组完成任务的缺点,提出改进方案。

_____

_____

_____

_____

(三)对整个任务完成的优点和缺点进行点评。

_____

_____

_____

_____

四、评价与分析表

表 1-5　评价与分析表

班级 _____　　组别 _____　　组长 _____

小组成员 _____

项目	个人自评(10%)			小组评价(20%)			教师总结(70%)		
	9~10	6~8	1~5	9~10	6~8	1~5	9~10	6~8	1~5
学习任务一									
学习任务二									
安全文明									
规范操作									
协作精神									
纪律观念									
工作态度									
学习主动性									
工作页完成质量									
小计									
总评									

五、课后拓展

1. 如今船舶驾驶台已配备电子江图等设备,能实时读取图示水深,船舶测深仪所测水深是否就是电子江图的图示水深? 是否可不用配备测深仪?

_____

_____

_____

_____

_____

2.船舶上安装的回声测深仪只能测量船舶当前航行水域的实际水深,对船舶航向前方水深并不能测量,那么船舶测深仪对船舶安全航行有何意义?

_____

_____

_____

_____

_____

_____

项目二

船用计程仪及其操作

学习目标

1. 查阅资料,能叙述不同类型计程仪的基本原理。

2. 查阅 FURUNO 日本古野 DS-80 船舶计程仪说明书,对照实训设备,能叙述各功能键的作用。

3. 结合古野 DS-80 船舶计程仪说明书,能对其进行操作。

4. 根据古野 DS-80 船舶计程仪,能对其余型号的计程仪正确识读和操作。

5. 能主动获取有效信息,展示学习成果,及时对学习和工作进行反思,并与他人合作共享,沟通总结经验。

建议学时

4 学时。

工作流程与活动

1. 认知船用计程仪(1 学时)。

2. 船用计程仪的操作(2 学时)。

3. 工作总结与评价(1 学时)。

情景导入

1. 工作情景描述

船舶已离开始发港数日,驾驶员需读取船舶从始发港出发至今的实际航行速度,掌握船舶在该速度下的耗油量。

2. 学习导入

(1)安全作业、实训规范教育。

(2)船用计程仪操作规程教育。

(3)三国时代东吴万震的《南州异物志》记载:一人在船头把木块投入海中,然后向船尾跑去,其速度要与木块同时从船头到达船尾,以测算航速和航程。

学习热身

● 计程仪简介

计程仪是指一种测定船舶航速并累计航程的导航设备。早期的计程仪应用机械的方法(如拖曳式、转轮式等)测定转子的转速,再乘以桨叶的螺距求出船舶的航程,但不能指示船舶的速度。20世纪40年代根据伯努利定理,利用船舶航行时水流的动压力与船舶吃水的静压力之差,求解压力差与速度平方成正比的关系而得出船舶的航行速度,这种计程仪称为水压式计程仪。20世纪60年代出现了利用电磁感应原理设计的电磁计程仪。水压和电磁计程仪所测定的航速均是船舶相对于水流的速度(相对速度)。20世纪70年代先后出现了利用声波在载体与接收体间有相对运动时声波产生的多普勒效应而设计的多普勒计程仪,以及利用相关技术处理回波信息和相关函数的声相关计程仪。这两种计程仪均可测定船舶相对于地(海底)的速度(绝对速度)。通常,一套计程仪由测速传感器、信号放大与处理器、航速航程解算器和航速航程显示器等组成。船用计程仪就其测量船舶相对于水或相对于地的速度划分为两大类:前者为相对计程仪,后者为绝对计程仪。

一、电磁式计程仪原理

电磁式计程仪是利用电磁感应原理来测量船舶航速和累计航程的一种相对计程仪。电磁传感器根据电磁感应原理,产生一个与船舶速度成正比的电信号。常用的传感器有两种:平面式和导杆式。平面式传感器的底面与船底平齐;导杆式传感器为一根可升降的圆柱形导杆,在计程仪工作时伸出船底,不工作时则收回。

电磁式计程仪的工作原理如图2-1所示:倒"山"字形铁芯沿船舶横向安装在船底板开孔处;铁芯的中间柱上绕有激磁绕组;在铁芯的两个空隙中嵌有间距为 L 的两个电极 a 和 b 及其引出导线;电极和导线用非导磁材料填封并固定。当激磁绕组通入 220 V、50 Hz 的交流电 E 时,在铁芯两侧形成交变磁场 B。

当船以航速 V 向前(或向后)航行时,水流相对于船的速度与 V 大小相等、方向相反。由于海水可导电,可将流过两电极间的海水看作无数根运动的"导体"在切割磁力线,根据电磁

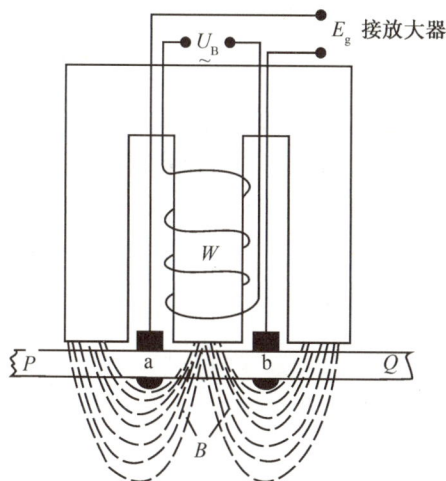

图 2-1 电磁式计程仪工作原理图

感应原理,在电极 a、b 和海水形成的回路中将产生的感应电压为:$E_g = B \sim LV\cos\theta$。

二、多普勒计程仪原理

多普勒计程仪(Doppler Log)是应用多普勒效应进行测速和累计航程的一种水声导航仪器,其工作原理如图 2-2 所示。多普勒效应是指由于声源和接收者之间存在相对运动,接收者接收到的频率与声源的发射频率不同的现象。两者相互靠近时,接收到的频率将升高;两者相互离开时,接收到的频率将降低。接收频率 f_r 与发射频率 f_0 的差值 Δf 称为多普勒频移(Doppler Shift),即

$$\Delta f = f_r - f_0$$
$$\Delta f = 2f_0 v\cos\theta / C$$

式中:f_0——发射频率;

v——声源或接收者的运动速度;

θ——运动方向与声波传播方向的夹角;

C——声速。

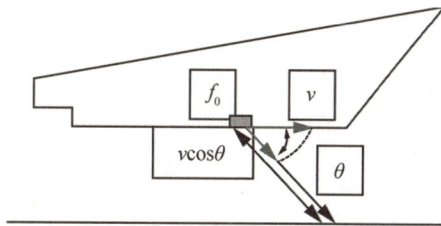

图 2-2 多普勒计程仪工作原理图

三、船用 DS-80 计程仪操作流程

(1)按下控制面板中【POWER】键打开电源;

(2)按下【DIM】键调整面板亮度,按下【*】键调整显示器亮度;

（3）按下【DISP】键选择速度和距离/速度显示；

（4）按下【ENT】键确认菜单中的选项；

（5）按下【MENU】键进入或退出主菜单；

（6）按下【OMNIPAD】键，上下、左右选择不同的菜单选项；

（7）进入主菜单后，可以进入距离显示/展示模式和两个系统模式进行相应操作；

（8）按下【POWER】键关机（通常应保持连续开机状态）。

学习任务 一
认知船用计程仪

学习目标

1. 能描述电磁式和多普勒计程仪的基本原理。
2. 能描述相对计程仪与绝对计程仪的区别。
3. 能通过参观体验产生浓厚的学习兴趣。

学习过程

一、了解相对计程仪和绝对计程仪

查阅资料,完成以下空白内容:

(一)相对计程仪测量船舶速度参照的目标是_____。其包含的计程仪有_____
_____。

(二)绝对计程仪测量船舶速度参照的目标是_____。其包含的计程仪有_____
_____。

二、了解典型电磁式计程仪的基本工作原理

查阅资料,结合电磁式计程仪原理图(图2-3),写出电磁式计程仪的基本工作原理。

_____

_____

_____

_____

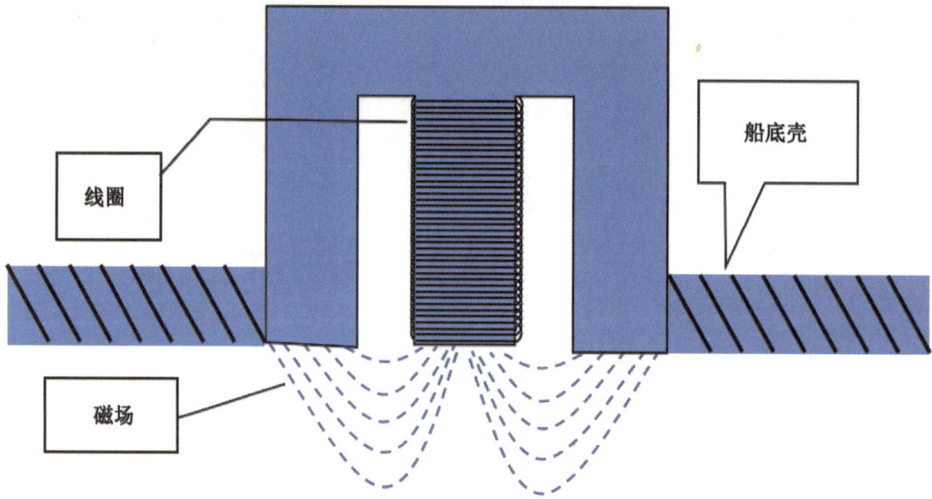

图 2-3　电磁式计程仪原理图

三、了解典型多普勒计程仪的基本工作原理

查阅资料,结合声波多普勒效应图(图 2-4),写出多普勒计程仪的基本工作原理。

图 2-4　声波多普勒效应图

学习任务 二

古野 DS-80 船用计程仪的操作

学习目标

1. 能描述古野 DS-80 船用计程仪各按键的功能。
2. 能识读古野 DS-80 船用计程仪的显示屏。
3. 能对古野 DS-80 船用计程仪进行系统设置。
4. 能正确操作其余型号的船用计程仪。

学习过程

一、认知古野 DS-80 船用计程仪各功能键

查阅资料与说明书,结合图 2-5,完成表 2-1 空白内容:

图 2-5　古野 DS-80 船用计程仪面板图

表 2-1 古野 DS-80 船用计程仪按键功能表

按键	功能
PWR	
*	
DIM	
DISP	
ENT	
MENU	

二、识读古野DS-80船用计程仪显示面板

识读图2-5所示古野DS-80船用计程仪显示面板,写出显示面板所显示的信息的含义。

_____

_____

_____

三、古野DS-80船用计程仪的操作

查阅说明书,完成以下操作:

1. 按下控制面板中【POWER】键打开电源;
2. 按下【DIM】键调整面板亮度,按下【＊】键调整显示器亮度;
3. 按下【DISP】键选择速度和距离/速度显示;
4. 按下【ENT】键确认菜单中的选项;
5. 按下【MENU】键进入或退出主菜单;
6. 按下【OMNIPAD】键,上下、左右选择不同的菜单选项;
7. 进入主菜单后,可以进入距离显示/展示模式和两个系统模式进行相应操作;
8. 按下【POWER】键关机(通常应保持连续开机状态)。

四、南京俊禄DS-90多普勒计程仪的操作

(一)根据古野DS-80船用计程仪,识读南京俊禄DS-90多普勒计程仪(如图2-6所示)的显示屏信息。

_____

_____

_____

(二)按古野DS-80船用计程仪的操作方法,对南京俊禄DS-90多普勒计程仪进行设置操作。

_____

_____

_____

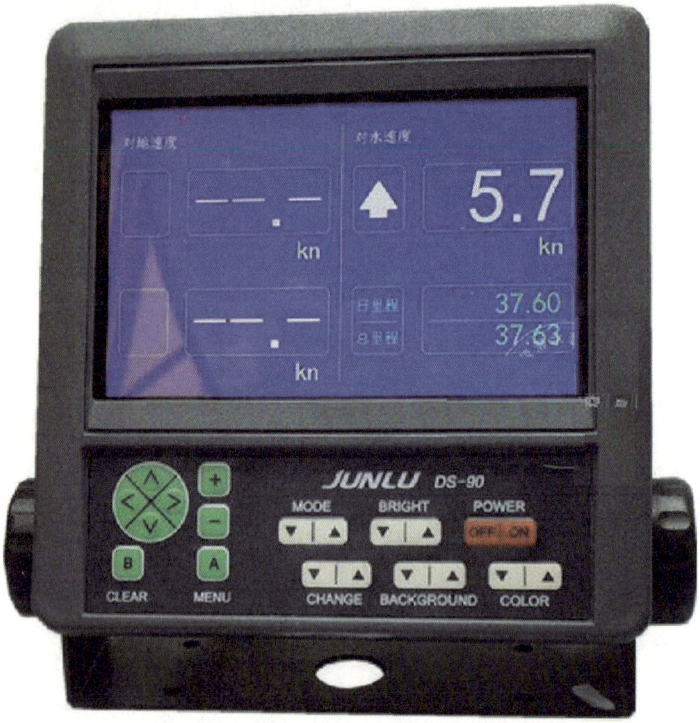

图 2-6　南京俊禄 DS-90 多普勒计程仪

五、计程仪在内河船舶上的应用

1. 累计船舶总航程。

2. 累计船舶航次航程。

3. 利用计程仪上的航程推算船舶平均航速。

学习任务 三
工作总结、评价与课后拓展

学习目标

1. 能结合自身任务完成情况,正确规范撰写工作总结。
2. 能按分组情况,分别派代表叙述本小组的工作成果,说明本次任务完成情况,并进行分析总结。
3. 能就本次任务中出现的问题,提出整改措施。
4. 能对本次工作进行反思,并能与他人交流,总结工作经验。

学习过程

一、个人自评

二、小组评价

_____

_____

_____

_____

三、教师总结

(一)对各组完成任务的优点进行评价。

_____

_____

_____

_____

(二)找出各组完成任务的缺点,提出改进方案。

_____

_____

_____

_____

(三)对整个任务完成的优点和缺点进行点评。

_____

_____

_____

_____

四、评价与分析表

表 2-2　评价与分析表

班级_____　组别_____　组长_____

小组成员_____

项目	个人自评（10%）			小组评价（20%）			教师总结（70%）		
	9~10	6~8	1~5	9~10	6~8	1~5	9~10	6~8	1~5
学习任务一									
学习任务二									
安全文明									
规范操作									
协作精神									
纪律观念									
工作态度									
学习主动性									
工作页完成质量									
小计									
总评									

AIS（自动识别系统）及其操作

学习目标

1. 能叙述 AIS 的发展历程及配备要求。
2. 能绘制 AIS 船台的组成框架图。
3. 能叙述 AIS 的工作方式及原理。
4. 能通过查阅 AIS 说明书，明确 AIS 面板主要按键的名称及作用。
5. 能对 AIS 进行静态数据的输入操作。
6. 能对 AIS 进行动态数据的读取及分析。
7. 能主动获取有效信息，展示学习成果，及时对学习和工作进行反思，并与他人合作共享，沟通总结经验。

建议学时

8 学时。

工作流程与活动

1. 认知 AIS（2 学时）。
2. AIS 的操作（5 学时）。
3. 工作总结与评价（1 学时）。

情景导入

1. 工作情景描述

　　船舶在某一水域航行,遇到前方有对驶相遇的船舶,对没有装配自动标绘功能雷达的船舶可使用 AIS 提供可视化的航向、航线等信息,避免船舶间发生碰撞,同时在电子海图或 MKD 上显示出所有装配了 AIS 装置的船舶的位置、航向、速度、船长、吃水深度等信息,从而保障船舶更安全地航行。

2. 学习导入

　　(1)安全作业、实训规范教育。
　　(2)AIS 使用注意事项。
　　(3)如何知道附近船舶的参数与信息→AIS。

学习热身

　　●AIS 使用说明

一、AIS 功能汇总

1. AIS 自动识别功能

　　(1)加电后自主工作,自主接入无线网络,无须现场人为干预;
　　(2)将附近船舶的精确船位、航向、航速、转向速度和距离等动态信息和船名、呼号、船型、船长与船宽等静态信息接收到本船上,并通过矢量图的方式显示在智能避碰仪的屏幕上;
　　(3)将本船类似的动态信息和静态信息通过 VHF 自动、定时播发,在 VHF 覆盖范围内装备 AIS 设备的船舶,可自动接收到这些信息。船舶管理部门可以据此对船舶进行监控管理和救生防护。

2. AIS 短信功能

　　在 AIS 英文短信息的基础上增加了具有专利技术的中文短信息功能,通过双拼输入法输入中文信息;用户可以选择中文短信、英文短信和寻址短信、广播短信的自由组合进行通信。

3. 避碰功能

　　当目标船(A 类船)与本船的距离达到 6 n mile 时有接近于黄色的光闪;当目标船与本船的距离达到 3 n mile 时有接近于红色的光闪;当目标船与本船的距离达到 2 n mile 时有接近于红色的强烈和急促的光闪,此时如果报警开关处在开的状态,应该有声音报警,并且报警的距离值应该显示在屏幕上。对 A 类船只用红色显示,对 B 类船只用绿色显示,从而区分其他类船只,并在 A 类船只符号的右下角显示该船与本船的距离(单位:n mile),同时闪烁提示用户;对距离少于 2 n mile(此距离可在菜单中设置)的船只还伴有报警声(此报警声也可在菜单中关闭)。

4. GPS 定位功能

（1）实时显示本船的当前位置、速度、航向和渔区号；

（2）实时显示目的地所在位置和渔区号、目的地到当前船位的距离；

（3）实时显示当前时间、公历日期及农历日期；

（4）实时跟踪并显示卫星状态。

5. 电子海图显示功能

（1）显示全中国海域的电子海图，并可实现多级缩放及任意移动和旋转海图；

（2）在海图上记录船只的航行轨迹；

（3）灵活调节亮度，使其适应航行中频繁交替出现的晴天、阴天、傍晚和夜晚。

6. 导航功能

（1）磁罗经导航；

（2）实施航点、航线、航迹导航；

（3）游标导航。

7. 保护功能

（1）电源反向保护：当用户接反电源线正负极后，机器处于保护状态；

（2）低压保护：当外接电源低于 10 V 以下时，机器处于保护状态；

（3）高压保护：当外接电源高于 36 V 以上时，机器处于保护状态。

二、主要按键功能

【开机】键：开机。

【关机】键：关机。

【0】~【9】键：输入经纬度、渔区号、航点号、航线等数字信息（均为复用键）。

【取消】键：取消某项菜单选择；退出某项根菜单。

【AIS】键：在正常的海图屏工作状态下，按下【0/AIS】键，则机器进入 AIS 工作状态，此时屏幕出现以船位为中心的两个圆形图案，并且显示周围接收到的目标船只（用"△"代表周围的船，用"十"代表基站）。

此时若想退出 AIS 状态，在海图屏时再按下【0/AIS】键即可。

【确认】键：确认某项菜单选择，使其有效；确认某个数据输入和修改，使其有效；在进入 AIS 工作状态时，只需用【方向】键移动游标到相应的船只符号上，并按【确认】键，就会在屏幕右方弹出信息框显示该船的详细信息，如果不再选取其他船只，15 s 后，此信息会自动消失，以方便用户观看海图。

【旋度】键：用于显示屏显示图的旋转。

【游标】键：用于开/关游标状态。

【快捷】键：用于"航点""航线""标记""测距""空闲"几种快捷操作状态之间的切换；在相应状态下，【确认】键用于设置，【取消】键用于删除。

【辉度】键：切换当前显示屏的辉度。

【航迹】键:开/关航迹记录。

【缩小】键:缩小海图,共 19 级。

【报警】键:连续按下该键超过 5 s,AIS 智能避碰仪向外发射遇险求救信号。

【放大】键:放大海图,共 19 级。

【∧∨＜＞】键:移动游标、海图及菜单光标。

【归中】键:游标开启状态下,以游标为中心重新画海图;游标关闭状态下,以当前船位为中心画海图。

【菜单】键:实现开/关主菜单。

【亮度】键:用于调整液晶的亮度,共 4 级。

【目的地】键:提取目标航点。

【导航】键:用于磁罗经屏与数据屏之间的切换。

【海图】键:用于海图屏与卫星状态屏之间的切换。

说明:菜单中的各项功能可以通过数字键直接把光标移动到目标功能行。

三、主要画面及显示功能

本产品有 AIS 显示屏、海图屏、磁罗经屏、卫星状态屏和高速公路画面等,连续按【0/AIS】、【导航】和【海图】键可以实现它们之间的转换。下面主要将 AIS 显示屏展示如下:

AIS 显示屏显示本船或其他选中船只的 MMSI、呼号、IMO、经纬度、航向、速度、距离、船首向、转向、状态、船名、船籍、船型、船长、船宽、吃水等信息,如图 3-1 所示。

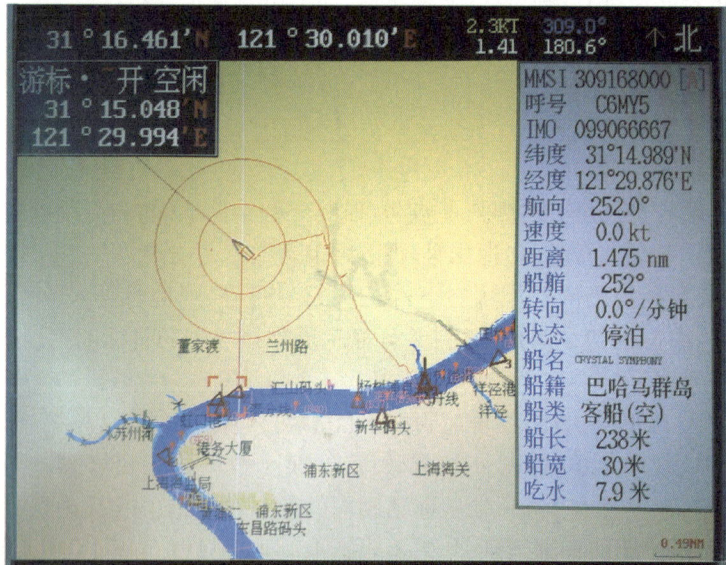

图 3-1　AIS 显示屏

四、AIS 的基本操作

1. 开机

如果接有外部稳压电源,请先打开外部稳压电源,将电压调到 10~18 V。

按【开机】键,AIS 智能避碰仪发出"嘀"声后,进入数据加载中,持续时间约为 10 s。

2. 用户登录(登录设置若关闭则无此操作)

数据加载完毕后,显示用户名和密码输入框,输入用户名和密码,确认通过后,直接进入海图屏。

文字输入法:

当输入文字时,如果光标处于输入框中,按下【输入法】键即进入文字选择状态。

如果此时想退出,按【取消】键即可。

按【∧】或【∨】键选择声母,并按【确认】键,此时弹出以该声母开头的所有汉字(或英文字母)的清单。

按【∧】、【∨】、【<】、【>】键选择要输入的文字,并按【确认】键确认。

3. 关机

持续按智能避碰仪下方的【关机】键 3 s,智能避碰仪发出"嘀"声后,屏幕显示消失,关机完成。

4. 调节亮度

开机后按【亮度】键调节液晶背光亮度,共分 4 级,分别适应晴天、阴天、傍晚和夜晚作业观测。

5. AIS 显示开关

开机后按【AIS】键切换是否显示 AIS 船只图标。

五、AIS 快捷操作

1. 航点、航线和标记的快捷操作

按【快捷】键,实现"空闲—航点—航线—标记—测距"五种状态的顺序切换,同时可以通过海图屏左上角处的状态栏观察到当前所处状态,结合【游标】键、【确认】键和【取消】键完成航点、航线和标记的快捷设置及删除,以及测距等功能。

(1)航点快捷设置和删除

按【快捷】键,使左上角的状态栏处于"航点"状态,将游标移到航点位置,按【确认】键完成航点设置,并自动生成航点号。

若想删除该航点,将游标移到海图上该航点(只要所选航点处于游标十字交叉范围内),按【取消】键将该航点删除。

(2)航线快捷设置和删除

按【快捷】键,使左上角的状态栏处于"航线"状态,将游标移到海图上的某个航点,按【确

认】键生成该航线的第一个航点(当前船位和该航点之间连成航线)。

若要结束或完成航线快捷设置,则按【快捷】键使其转换到其他状态。

若要删除该航线,将游标移到海图上该航线,按【取消】键删除该航线。

(3)标记快捷设置和删除

先按【快捷】键,使左上角的状态栏处于"标记"状态,将游标移到标记位置,按【确认】键后生成该标记。

若要删除该标记,将游标移到海图上该标记,按【取消】键删除该标记。

(4)测距

按【快捷】键,使左上角的状态栏处于"测距"状态,将游标移到第一点后按【确认】键,得到第一点,移动游标,可以得到游标到第一点的距离。

2. 航迹记录的快捷操作

按【航迹】键,航线记录开始,航迹线颜色默认当前状态。

若要关闭航迹记录,则再次按【航迹】键。

3. 目的地快捷提取

提取:按【目的地】键后,在屏幕右上角会出现一个小窗口,输入航点号,按【确认】键后,海图会以该点为中心进行海图刷新,同时该航点成为目的地;此时,在当前船位与目的地之间将有一条连线,以方便导航。

4. 当前船位的即时存储和退出

提取:按【目的地】键后,在屏幕右上角会出现一个小窗口,再按【确认】键后,在当前船位处将生成一个航点,并自动按顺序编号;此时随着船的不断前进,在此航点与当前船位间将有一条连线,以方便导航。

退出:若想将连线删除,则可退出此状态。按【快捷】键,实现"空闲—航点—航线—标记—测距"五种状态的顺序切换,使左上角的状态栏处于"航点"状态,再按键出现游标,将游标移到其他位置(不能与此前存储的航点重合,否则将删除),按【取消】键完成退出。

5. 缺省设置

恢复产品在出厂时的各种设置。

6. AIS 短信

通过【菜单】键可以发送 AIS 短信,包括群发短信和寻址短信两种。

通过【输入法】键可进入中文输入状态。输入法的使用方法和输入法切换的具体操作见"4. AIS 的基本操作"第(2)条。

按【确认】键,可发送短信。

按【取消】键,可取消短信的发送。

按【删除】键,可删除光标的前一个字符。

7. 存储信息

当需要关机时,必须在关机前进行信息存储,否则将丢失之前所修改的信息,具体操作如下:

　　按【∧】或【∨】键选中"其他功能",再按【∧】或【∨】键选中"存储信息",然后按【确认】键,本机进行信息保存处理,屏幕暂时处于保存状态;3 s后,恢复正常,信息存储完成,可以安全关机。

学习任务 一
认知AIS

学习目标

1. 能按照实训室安全操作规程进行认识实习。
2. 能叙述 AIS 的种类及不同种类的特点。
3. 能叙述 AIS 的功能要求。
4. 能绘制 AIS 的组成框架图。
5. 能叙述 AIS 的设置目的及其出现的意义。
6. 能通过参观体验产生浓厚的学习兴趣。

学习过程

一、实训安全作业教育

安全文明作业是船员应具备的基本素质之一,安全作业直接影响船员生命安全、船舶航行安全以及海洋环境安全。作为一名新船员,需培养良好的操作能力和养成文明的操作习惯,为具备良好船艺打下坚实基础。

(一)通过查阅资料或阅读助航仪器实训室安全操作规程,指出 AIS 操作注意事项。

_____

_____

_____

_____

(二)叙述 AIS 安全用电应注意哪些事项。

_____

_____

46

二、认识 AIS

(一)AIS 的概念

在一定的作用范围内,在规定的频道上,用 VHF 脉冲转发器传输船对船和船对岸的识别、导航和通信信息,自动进行船对船和船对岸的识别的系统称为自动识别系统(Automatic Identification System,AIS)。

(二)AIS 的设置原因及产生和发展历程

1. AIS 的设置原因

船用雷达、ARPA 具有许多优点,在船舶避碰、定位和导航应用中,发挥了很大的作用。然而,船用雷达、ARPA 的覆盖区域、分辨力及信息有限,其工作常常受到气象、海况及地理条件的影响,难以确保在杂波干扰情况下可靠地探测和识别相遇船回波。VHF 具有许多优点,在船舶通信应用中,也发挥了很大的作用,但其低效率和人工操作不能获得相遇船标识来及时沟通双方信息和掌握彼此的操船意图。VTS 在交通运输中有许多优点,在船舶管理中也发挥了很大的作用,但在限制水域或 VTS 管理水域,控制中心通过无线电话与船舶联系,再用人工方式将船舶信息输入 VTS 监控系统对船舶跟踪管理,工作强度大,易出现操作失误,有时因出现盲区而丢失目标,而在该水域的船舶,又不了解周围水域的船舶情况。总之,现有的雷达、VHF 和 VTS 在船舶导航中都具有局限性,都不能满足船舶导航的要求。

由于船舶的大型化、专业化、高速化以及数量的增多,海上交通密度加大,严重地威胁着船舶航行安全和海洋生态环境。为了预报危险,避免碰撞和海事,改善船舶航行安全;监视危险/污染货物,保护海洋生态环境;改善岸台和岸基 VTS 交通控制,实现航路安全管理;增加船舶导航设备的信息、信息的使用价值和导航功能;及时准确地进行船舶间的信息交换,船舶需要设置 AIS,自动进行船对船和船对岸的通信、导航与识别。

2. AIS 的产生和发展历程

AIS 的产生和发展历程,如图 3-2 所示。

(三)AIS 的功能

1. AIS 满足的功能要求

(1)用于船-船方式避碰;
(2)作为沿海国家获取船舶及其货物资料的一种方法;
(3)作为 VTS 的工具,即船-岸交通管理。

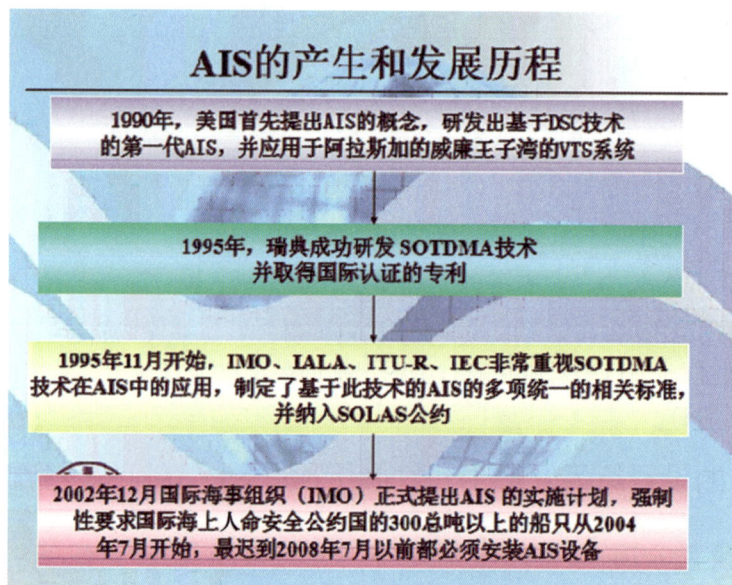

图 3-2　AIS 的产生和发展历程图

2. AIS 的功能

AIS 具有以下功能：

（1）自动连续地向主管部门、岸台、其他船舶和飞机提供自动识别信息，而不需船舶人员的参与。

（2）自动连续地接收和处理来自其他来源，包括主管部门、岸台、其他船舶和飞机的自动识别信息。

（3）自动识别信息应含有静态信息、动态信息、与航行安全相关的信息。

（4）对高优先和与安全有关的调用尽快做出回应。

（5）以支持主管部门和其他船舶进行精确跟踪所需的更新速率提供船位和操纵信息，使接收者精确地跟踪和监视船舶动态。

（6）与岸基设施交换数据，以便主管部门指配工作模式、控制数据传输时间和时隙。

（7）以许多模式工作，数据的传输响应有来自船舶或主管部门的问询，有轮询和受控两种模式。

（8）提供国际海事标准界面，并有人工输入和输出数据的接口。

（四）AIS 的优点

1. AIS 是一种无人操作的无线电通信系统，自动进行船–船间和船–岸间的通信，交换船位和航行状态等信息。无线电通信如图 3-3 所示。

（1）AIS 与其他船舶进行 VHF 无线电联系，利用短信息 CMS，减少 VHF 呼叫通话量，少了手动输入和 VHF 通信。

（2）AIS 是一种无人操作的无线电导航系统，能自动、实时观测和监视装有 AIS 的船舶的动态，进行船对船和船对岸的识别，协助驾驶员瞭望和避碰。

（3）AIS 无需雷达、ARPA 就可自动观测、识别装有 AIS 的船舶。AIS 探测范围扩大到雷达盲区和障碍物之后等雷达探测不到的区域,并且无目标交换与误跟踪等问题,受气况、海况的影响较小。

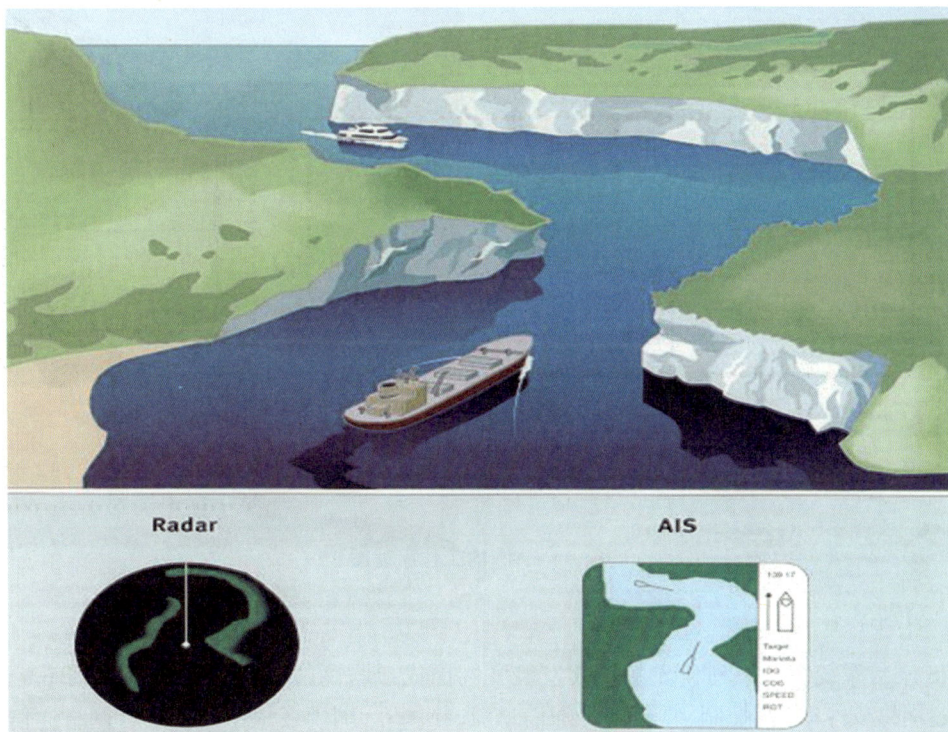

图 3-3　无线电通信图

(4)AIS 能自动、快速获得船舶信息,输入给雷达、ARPA、电子海图和组合导航等船舶导航设备,提高了信息的使用价值,提高了工作效率。

(5)AIS 提高了海上搜寻和救助的工作效率,可帮助快速寻找到海上的遇险船舶。

(6)AIS 可自动存储信息,以便事后查询和分析。

(7)AIS 减轻了船员的工作强度,减少了他们的工作差错。

2. 根据所学,查阅资料,完成表 3-1 空白内容:

表 3-1　雷达、VHF、VTS、AIS 的功能及优缺点对比表

序号	名称	主要功能	优点	缺点
1	雷达			
2	VHF			
3	VTS			
4	AIS			

(五) AIS 的工作原理

AIS 的工作原理如图 3-4 所示。

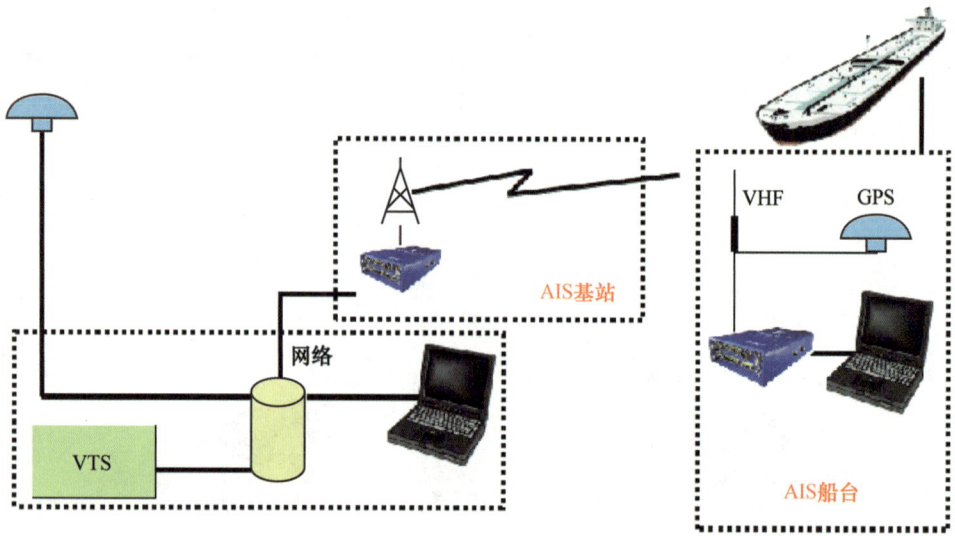

图 3-4　AIS 的工作原理图

1. AIS 岸台系统

AIS 岸台系统由一系列 AIS 基站收发机联网而成。联网的网络设备可以采用 Internet 网络,通过网络安全管理、控制、收集和分配信息流,在国际、国内或地区之间进行网络通信,进行船与船以及船与岸之间的通信。当通信双方超出 VHF 的覆盖范围时,网络系统仍进行信息排队处理,直至通信双方进入 VHF 的覆盖范围时为止。

2. AIS 基站

AIS 基站收发机遵从 AIS 技术特性标准,可安装在 VTS 系统中或作为 AIS 沿岸网络的核心单元。AIS 基站收发机还可配制为 AIS 应答器。AIS 应答器的 3 个主要部件是:GPS 导航仪、VHF 收发信机和计算机。GPS 导航仪提供精确的定位和导航数据,计算机将这些数据与船舶速度、名称、呼号、类型、对地航向等数据封装在一起并通过 VHF 收发信机的一条数字数据链路向外广播。所有在 VHF 覆盖范围内配有 AIS 应答器的船舶均可以接收到这一信息,解开数据包便可在电子海图(ECS)或 ECDIS 上获得其他船舶的船位、速度、名称、呼号、类型、对地航向等数据。

3. AIS 船台系统 (见图 3-5)

AIS 船台设备是一种工作在 VHF 频道上的自动船载广播式应答器。它能周期地自动广播和接收船舶的静态信息、动态信息和与航行安全有关的其他信息,进行船与船之间和船与岸之间的信息传递,对周围的船舶进行识别、监视和通信。

AIS 船台设备与 VTS(海上交管中心)、SAR(海上搜救中心)和差分卫星导航台联网,自动接收船舶交通服务、航行安全、航行警告、交通和港口管理、DGPS 校正、潮汐、气象等信息;接收和显示他船的位置、标志、航向、船首向和速度等信息;向岸上或其他船舶发送本船的目的港和货物(Destination/Cargo)、船舶识别码(ID)、船名(Name)、船位(L/L)、船首向(Heading)、对地航速(SOG)、对地航向(COG)等信息,传递其他的信息。AIS 船台设备具有碰撞警、水浅警等报警功能。

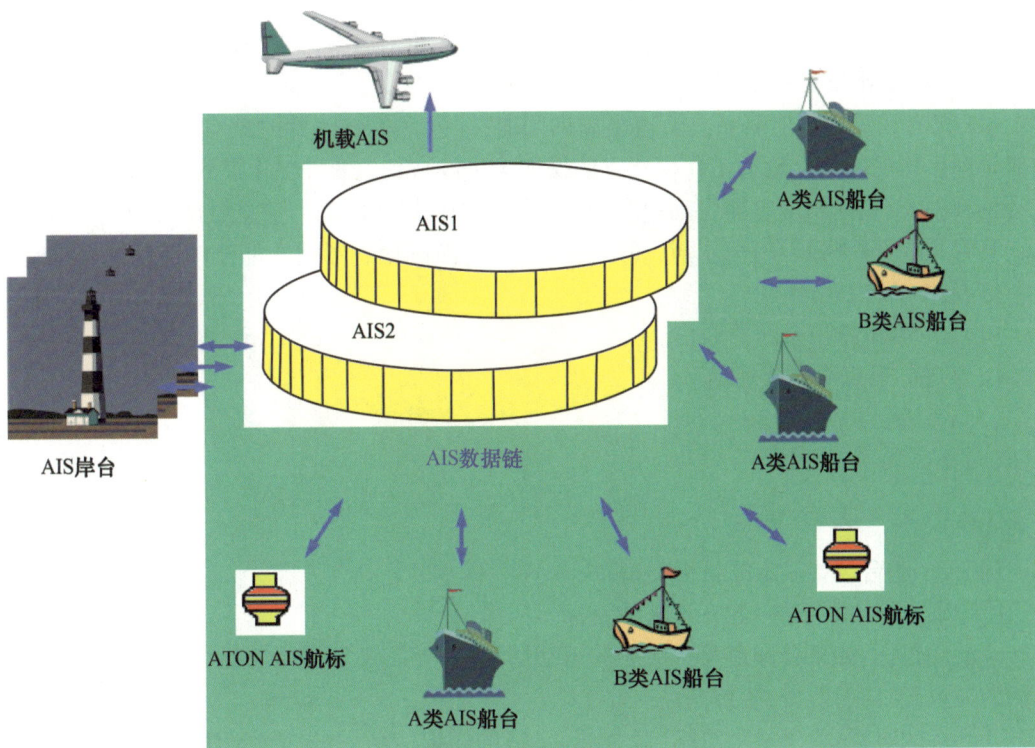

图 3-5　AIS 船台系统

4. AIS 的无线传输要求

(1)工作频段:156.025~162.025 MHz;

(2)通用工作频率:VHF 87B(161.975 MHz)、VHF 88B(162.025 MHz);

(3)频带宽度:25 kHz 或 12.5 kHz;

(4)发射功率:12.5 W/2.5 W;

(5)调制方式:GMSK/FM;

(6)数据编码方式:NRZI;

(7)传输速率:9 600 bps;

(8)访问协议:STDMA(自组织时分多址技术);

(9)通信规程:HDLC(高数据链控制)。

5. AIS 的工作模式

AIS 有三种工作模式,其中缺省工作模式为自主工作模式,并可根据管理机构的需要在其他工作模式间切换。

(1)自主工作模式

AIS 按照自身的程序发送其船位信息,自动解决与其他船舶冲突问题。该模式可在所有海域使用。

（2）指定工作模式

AIS 按照指定方案发送信息。这种方案由岸台（由管理机构的基站或中继站所分配的传输计划）指定。在拥挤地区，发射机应答器使用由适任的当局岸台所选定的程序进行发射。

（3）轮询工作模式

AIS 只有在受到其他船舶或管理当局询问时，才发送信息。此时站点只响应来自某一船舶或管理机构的问询。轮询工作模式下的操作不可以与其他两种工作模式下的操作冲突。在交管控制中心，发射机应答器自动地对来自适任的当局岸台的询问信息做出反应。

不管是在开阔海域、沿海水域，还是内河航道上，AIS 应答器通常都工作于自主工作模式。

拓展：AIS 的工作特点

（1）船-船间、船-岸间的通信。

（2）广播式、点对点式通信。

（3）自主连续地运行。

（4）不需要人工干预。

6. AIS 的信息显示

（1）AIS 船台设备显示的目标类型

①睡眠目标：指示某一配有 AIS 的目标。

②活动目标：如果要知道某一船舶的运动情况，只需简单地激活睡眠的目标，则立即显示该船的矢量、航向的改变、船首向。

③已选的目标：为了显示目标（睡眠或活动）的详细信息，首先选择目标，然后在显示窗口中，将显示包括计算的 DCPA 和 TCPA 等的详细信息。

④危险目标：经过计算，当目标的 DCPA 和 TCPA 不能满足预先设置的最小 DCPA 和最小 TCPA 时，将该目标显示为危险目标，并发出危险报警。

⑤丢失目标：如果 AIS 目标丢失（收不到 AIS 信号），则在目标的最新位置标注丢失目标，并发出目标丢失报警。

（2）AIS 船台设备显示的图像和信息

①AIS 通信所发送的静态信息

海事移动业务识别码（MMSI）、船名和呼号（Call Sign and Name）、IMO 编码（IMO Number）（若无，可不发）、船长和船宽（Length and Beam）、船舶类型、船舶定位（GPS）/天线的位置。

②AIS 通信所发送的航次数据

船舶吃水、危险品（种类）、目的港和预计到达时间（按船长意见）、航行计划（任选）、乘客数量、船舶龙骨以上的高度。

③AIS 通信所发送的与安全有关的短电文

重要的航行警告或重要的气象警告等与安全相关的信息，以及接收岸台的气象预报、潮汐、流、港口数据、锚泊调度、船代信息等短信息。

④AIS 通信所发送的动态信息

AIS 动态信息取决于航速和航向的变化，如图 3-6 所示。

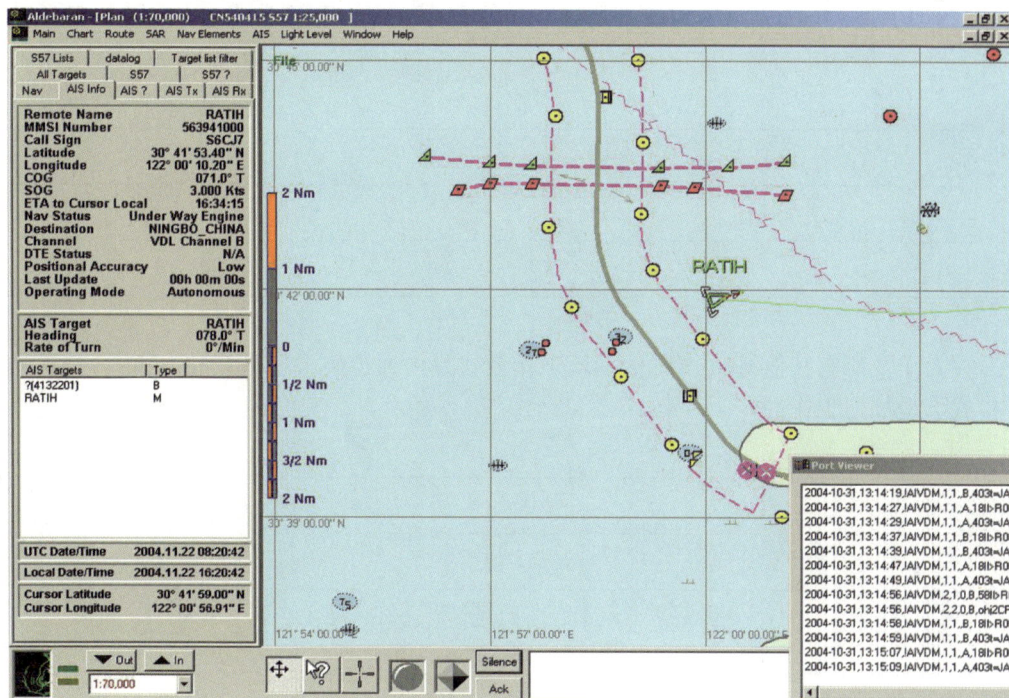

图 3-6　AIS 动态信息

(六) AIS 在内河船舶上的实际应用

1. 自动识别并显示他船信息,船员可读取他船信息。

2. 船员输入本船信息后,本船信息能被他船和岸台识别。

3. 能进行短信通信,船员可阅读 AIS 信息,如航行通告等信息。

4. 能显示电子江图,船员可借以识读本船船位,在 AIS 上进行导航。

5. 船员可利用 AIS 显示的他船类型、尺度、位置、航速、航向等信息,采取合理的避让措施,从而保障船舶航行安全。

三、根据所学,完成以下练习

1. AIS 具有哪些优点? 设置的目的是什么? 其出现的最大意义是什么? VHF 在船舶通信应用中,还存在着哪些局限性?

_____

_____

_____

_____

2. AIS 具有哪些功能？AIS 应该满足哪些功能要求？岸台和交管中心使用 AIS 后有哪些改善？

_____

_____

_____

_____

3. 在大洋及所有其他海域, AIS 的一般工作模式是单通道模式还是双通道模式？AIS 在双通道模式下是如何工作的？

_____

_____

_____

_____

4. AIS 有几种工作模式？缺省工作模式是什么工作模式？什么是 AIS 的自主工作模式、指定工作模式和轮询工作模式？这三种模式各在何时使用？

_____

_____

_____

_____

5. 什么是 AIS 船台设备？AIS 船台设备由几部分组成？

_____

_____

_____

6. AIS 的静态数据有哪些？动态数据有哪些？

_____

_____

_____

学习任务 二

AIS的操作及应用

学习目标

1. 能按照实训室安全操作规程进行 AIS 的操作。
2. 能叙述 AIS 的值守模式及应用场景。
3. 能熟练读取 AIS 的动态、静态数据。
4. 能运用 AIS 协助避碰。
5. 能熟练设置 AIS 本船数据。

学习过程

一、实训安全作业教育

安全文明作业是船员应具备的基本素质之一,安全作业直接影响船员生命安全、船舶航行安全以及海洋环境安全。作为一名新船员,需培养良好的操作能力和养成文明的操作习惯,为具备良好船艺打下坚实基础。

1. 通过查阅资料或阅读助航仪器实训室安全操作规程,写出 AIS 操作步骤。

_____

_____

_____

_____

2. 写出船用 AIS 安全用电应注意哪些事项。

_____

_____

_____

二、AIS 的日常操作（以埃威航电 B 类 AIS 为例，见图 3-7）

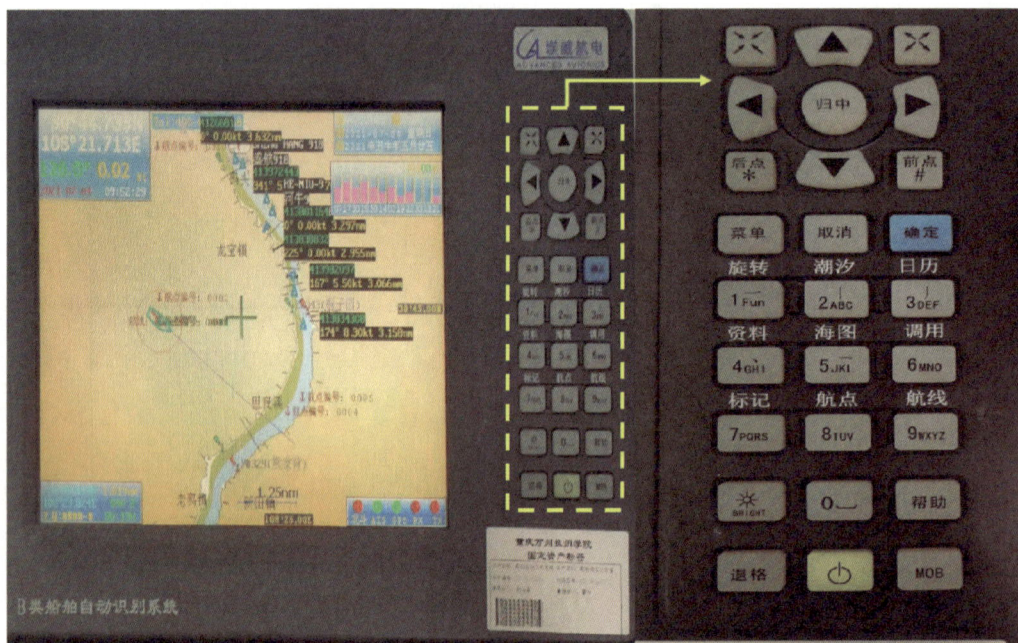

图 3-7　埃威航电 B 类 AIS

1. 开/关机

在关机状态下,按【⏻】键 2 s 开机。在开机状态下按【⏻】键 3 s,松开按键后即关机;或者在开机状态下按遥控器上的【关机】键,会弹出对话框,选择【1】键关机。

2. 显示界面选择

在海图显示状态下,按【菜单】键进入主菜单选择界面。按【取消】键重新回到海图显示状态下。

3. 海图的放大、缩小及归中

按【⤢】键对海图进行放大;按【⤢】键对海图进行缩小;按【归中】键使海图回到以本船位置为中心的状态。

4. 调节显示亮度

按【☼】键调节显示屏亮度。

5. 查看 AIS 目标船的详细信息

按【菜单】键→"确认"→"确认",可以进入 AIS 列表进行查看。

6. AIS 短信息操作

按【菜单】键→向下选择"信息管理"→"确认"，出现"收件箱""发件箱""安全信息"，使用上下键选择相应的选项按"确认"后，即可进行短信息相关的操作。

7. 本船 AIS 设置

按【菜单】键→向下选择"船舶设置"→"确认"，出现"参数设置""显示设置""频道功率""发送测试"，选择相应的选项按"确认"后，即可进行相应的参数设置，如图 3-8 所示。

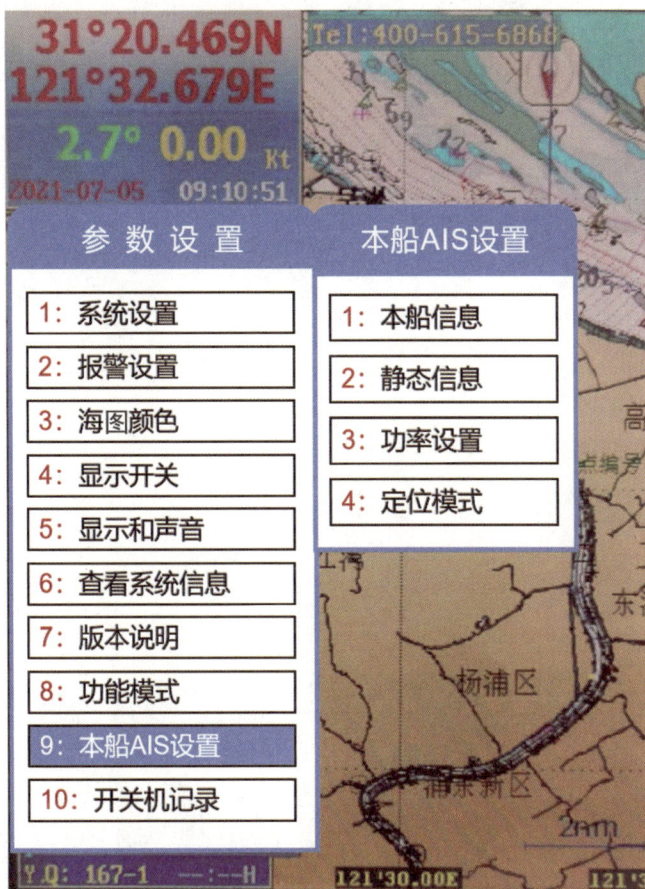

图 3-8　本船 AIS 设置

设置"本船参数"须先解密。

进入"本船参数"，按"确认"，然后可以对船型、船名、MMSI（9 位码）等船舶参数进行设置。

8. 快捷键添加计划航线

在海图界面下，按数字"9"，添加航线，显示提示：开始添加航线。移动游标到欲添加的第一个航点位置，按数字"8"，添加航点；移动游标到欲添加的下一个航点位置，按数字"8"，添加航点。航点添加完毕后，按数字"9"，显示提示：已添加编号为×号的航线。

9. 打开辅助功能菜单设置参数

按【菜单】键→向下选择"信息管理"→"确认",出现"查询日历""潮汐查询""航行资料""查询海图""卫星方位""版本信息",使用摇杆选择相应的选项按"确认"后,即可进行相应的参数设置。

10. 目标船数据读取

将鼠标点到目标船"△"上,显示目标船的 9 位码、船名、经纬度、航向、航速等相关信息。

11. 报警设置

点击【菜单】键,显示子菜单,进行报警设置。

三、根据所学,完成以下练习

1. 在 AIS 上进行本船参数设置

要求:5 min 之内完成
设置内容:(1)天线位置;
　　　　　(2)船名;
　　　　　(3)船舶呼号;
　　　　　(4)船舶类型。

2. 在 AIS 上完报警设置

要求:10 min 之内完成
设置内容:(1)到达报警;
　　　　　(2)偏航报警;
　　　　　(3)会遇距离报警;
　　　　　(4)会遇时间报警;
　　　　　(5)走锚报警;
　　　　　(6)桥梁报警;
　　　　　(7)距离报警。

3. 读取目标船数据

要求:实习指导教师指定目标船,学生读取目标船数据,并将目标船数据写在下方横线处。

_____

_____

_____

_____

学习任务 三

工作总结、评价与课后拓展

学习目标

1. 能结合自身任务完成情况，正确规范撰写工作总结。
2. 能按分组情况，分别派代表叙述本小组的工作成果，说明本次任务完成情况，并进行分析总结。
3. 能就本次任务中出现的问题，提出整改措施。
4. 能对本次工作进行反思，并能与他人交流，总结工作经验。

学习过程

一、个人自评

二、小组评价

_____

_____

_____

_____

三、教师总结

(一)对各组完成任务的优点进行评价。

_____

_____

_____

_____

(二)找出各组完成任务的缺点,提出改进方案。

_____

_____

_____

_____

(三)对整个任务完成的优点和缺点进行点评。

_____

_____

_____

_____

四、评价与分析表

表3-2 评价与分析表

班级_____ 组别_____ 组长_____

小组成员_____

项目	个人自评（10%）			小组评价（20%）			教师总结（70%）		
	9~10	6~8	1~5	9~10	6~8	1~5	9~10	6~8	1~5
学习任务一									
学习任务二									
安全文明									
规范操作									
协作精神									
纪律观念									
工作态度									
学习主动性									
工作页完成质量									
小计									
总评									

五、课后拓展

1.请将以下船舶静态信息录入AIS

船名：学院1号

船舶种类：散货船

船舶登记号码：123456789099

船舶识别号：CN12345678909

船级：中国船级社

船籍港：重庆

登记日期：2022年2月7日

船舶所有人：技工学校

总长：99.9 m

船宽:12.0 m

型深:6.9 m

设计吃水:5.6 m

满载排水量:8 888.8 t

空载吃水:2.8 m

空载排水量:1 888.8 t

参考载货量:5 888.8 t

航区:A/B/C/J 级航区

主机型号:G8300ZC31B-1

主机功率:4 800 kW

主机转速:600 r/min

船员人数:8 人

实际载重:5 000 t

载货种类:玉米

2. AIS 动态信息有哪些,分别来源于哪些设备?

_____

_____

_____

_____

_____

_____

_____

长江电子航道图及其识读

学习目标

1. 能叙述哪些设备能使用电子航道图功能。
2. 能识读电子航道图各图式含义。
3. 能识别长江电子航道图航道信息服务。
4. 能识读长江电子航道图助航导航服务信息。
5. 能使用长江电子航道图进行船舶管理监控服务。
6. 能运用长江电子航道图助航。
7. 能主动获取有效信息,展示学习成果,及时对学习和工作进行反思,并与他人合作共享,沟通总结经验。

建议学时

4 学时。

工作流程与活动

1. 识读长江电子航道图(3 学时);
2. 工作总结与评价(1 学时)。

情景导入

1. 工作情景描述

船舶在长江三峡库区水域航行,驾驶员需通过长江电子航道图浏览航道,读取船舶处于航道的具体位置、航道尺度、助航标志、周围环境等航行条件信息。

2. 学习导入

(1)安全作业、实训规范教育

(2)长江电子航道图的发展

长江电子航道图系统的研发采用"需求引导、总体规划、分步实施、逐步完善"的原则,经历了长江电子航道图1.0版系统、2.0版系统和3.0版系统。

1.0版长江电子航道图系统可提供相对简单的助航服务,属于传统纸质航行参考图的数字化,但在数据更新、数据保密、数据发布等方面还未进行深入研究,不能很好地满足社会各界对长江电子航道图数据服务的迫切需求。

2.0版长江电子航道图系统是一套先进的、拥有自主知识产权的电子航道图生产、服务与应用系统。系统建设通过建立通信网络平台,开发软件系统,实现整个系统的研发与集成。系统以数据库为核心,通过整合长江全线航道基础地理信息数据、航标数据、水位数据、航道实际维护尺度数据等,实现航道地理信息数据的统一管理。通过开发电子航道图生产编辑系统软件,实现符合《长江电子航道图制作规范》数据的快速生产与更新。在此基础上,搭建长江电子航道图公共服务平台,为用户提供电子航道图更新数据、最新的航标更新数据、水位信息及最新的航道实际维护尺度等信息,辅助用户安全航行,以提高长江航道的通航能力。2.0版长江电子航道图系统初步实现了航道要素的功能化。

为满足用户更高的需求,长江航道局在2.0版长江电子航道图系统的基础上,继续拓展电子航道图系统的应用服务能力,实现了流速信息显示与应用、数字雷达扫描信息显示与应用、可视距离信息显示与应用等功能,为用户提供更加丰富、实用的助航及管理服务。3.0版长江电子航道图系统初步探索了电子航道图的智能化服务。

学习热身

●长江电子航道图系统简介

一、整体介绍

长江电子航道图是指利用计算机、地理信息等技术,将长江航道各要素信息按照《长江电子航道图制作规范》进行技术处理,制作而成的标准化、数字化的专题地图。

长江电子航道图系统由生产编辑系统、公共服务平台和应用系统组成。其中,生产编辑系统以空间地理信息数据库为核心,整合长江全线航标、水深、碍航物等航道基础地理信息数据,实现了长江电子航道图数据的快速制作和更新;公共服务平台将长江电子航道图的数据制作方、数据使用方和数据管理方集于一体,通过网络向管理单位、航运企业和社会公众提供长江电子航道图的服务、更新与运行管理;应用系统主要是指为长江航行船舶量身打造的一套终端软、硬件系统,该系统通过与 GPS 系统、AIS 系统、雷达系统等多系统相融合,为船舶用户提供形象、直观、高效、精确的导航、助航功能和便捷的通信功能。长江电子航道图系统是长江航道信息化建设的基础,是"数字航道"和"智能航道"的核心和关键,对全面提升航道的公共服务能力和水平、促进航运管理的转型升级具有重大的作用和意义,其整机框架如图 4-1 所示。

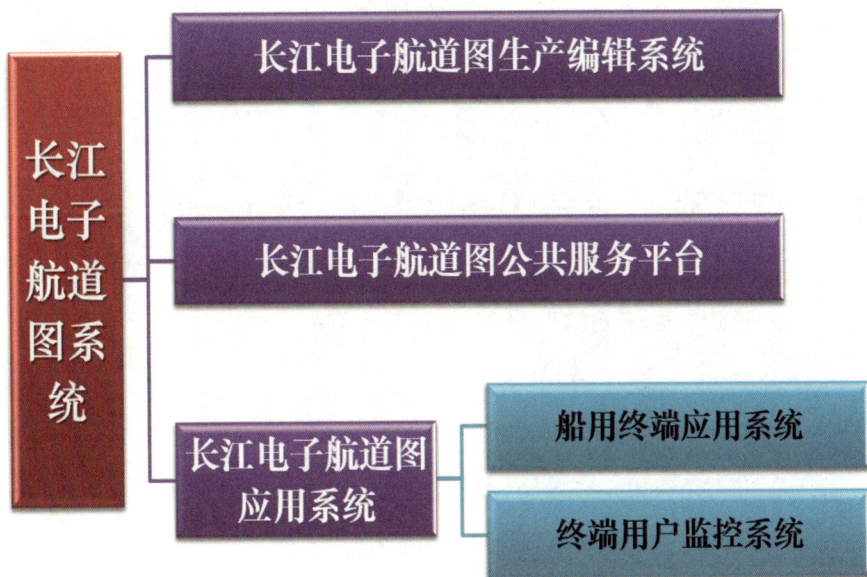

图 4-1　长江电子航道图系统的整机框架图

二、功能介绍

长江电子航道图系统可提供航道信息服务、助航导航服务、辅助决策服务以及管理监控服务。

1. 航道信息服务:通过长江电子航道图的显示与浏览、航道信息查询、数据更新等功能,为用户提供全方位、最新的航道信息服务,其显示界面如图 4-2 所示。

2. 助航导航服务:为用户提供船舶助航、周边船舶识别与显示、航行预警、流速信息显示、可航水深查询与显示、可视距离及虚拟航标的显示等功能。

3. 辅助决策服务:可提供满足用户查询条件的当天及未来 7 天不同水深航道范围的显示与查询,为用户设计经济航线、编制航次计划以及船舶配载等提供辅助决策服务。

4. 管理监控服务:通过对船舶所在位置及航行状态进行远程实时监控并记录监控信息,具备了船舶状态实时监控功能以及船舶航行轨迹回放功能,从而为用户提供船舶管理监控服务。

三、技术创新

1. 初步建立了长江电子航道图系统的标准体系,结合长江特点对《长江电子航道图制作规范》(JT/T 765—2009)进行了修订,并首次将其应用于实践;

2. 建立了完善的数据生产、发布、服务及系统运行维护标准体系及规范;

3. 建立了具有长江航道特色的数据模型,并实现了快速扩展;

图 4-2　长江电子航道图显示界面

4. 实现了"数据采集—产品生产—数据发布—应用服务"的一体化流程；

5. 建立了先进的航道信息推算及分析模型。

四、功能演示

可登录网站"长江航道战线（www.cjienc.cn）"查看：

1. 电子航道图更新与查询；

2. 电子航道图的显示、导航、物标查询；

3. 助航信息获取；

4. 流速相关信息显示与应用；

5. 标注功能演示。

五、应用领域

（一）生态环保

长江电子航道图系统相关功能有助于最大限度利用航道的"水深、水面、水流"。"水深"是指航道深度；"水面"是指航道宽度；"水流"是指水的流速。"水深、水面、水流"的最大限度利用可以从根本上提升长江航道服务于沿江经济社会发展的质量，同时最大限度利用航道自然尺度，有利于提高航道通过能力，减少或避免对航道生态的破坏。

航行船舶可以最大限度利用长江电子航道图系统标示的航道水深，提升单船配载量；通过流速显示功能，选择适航的水流航行，有效减少燃料消耗，实现节能减排。

环保部门可基于长江电子航道图系统开发相关的业务应用系统,以有效保护长江水生态环境。

(二) 辅助决策

航运企业可通过长江电子航道图系统的 7 天水位预测预报功能,结合货源、船舶吨位以及营运周期等因素,合理安排船舶装载,极大提升营运效率。

港口、码头等管理单位可通过长江电子航道图系统准确掌握与长江干线航道之间河段的尺度信息,采取有效措施对船舶进出港和靠离码头进行合理安排,从而提高港口的装卸效率和经济效益。

造船行业可通过对长江电子航道图系统提供的各类信息进行认真分析,适时调整造船辅助决策。

港口单位可通过对长江电子航道图系统提供的各类信息进行综合分析,对港口、码头的选址、建设吨位等进行更加科学合理的选择,也有助于港口、码头建成后效益的发挥。

长江物流企业可利用长江电子航道图系统提供的相关信息进行物资运输辅助决策。

学习任务 一

识读长江电子航道图

学习目标

1. 能描述长江电子航道图的主要功能。
2. 能识读长江电子航道图的航道信息。
3. 能使用长江电子航道图的导航服务。
4. 能操作长江电子航道图进行监控管理。
5. 能通过参观体验产生浓厚的学习兴趣。

学习过程

一、认知长江电子航道图

(一) 长江电子航道图的主要功能

如今,长江电子航道图并不是单独的终端,GPS、AIS、北斗等设备终端均具有长江电子航道图功能。查阅资料,写出长江电子航道图的主要功能。

_____

_____

_____

_____

(二) 认知 GPS 长江电子航道图

打开 GPS 的长江电子航道图功能,如图 4-3 所示:
1. GPS 终端的长江电子航道图显示信息有哪些?

_____

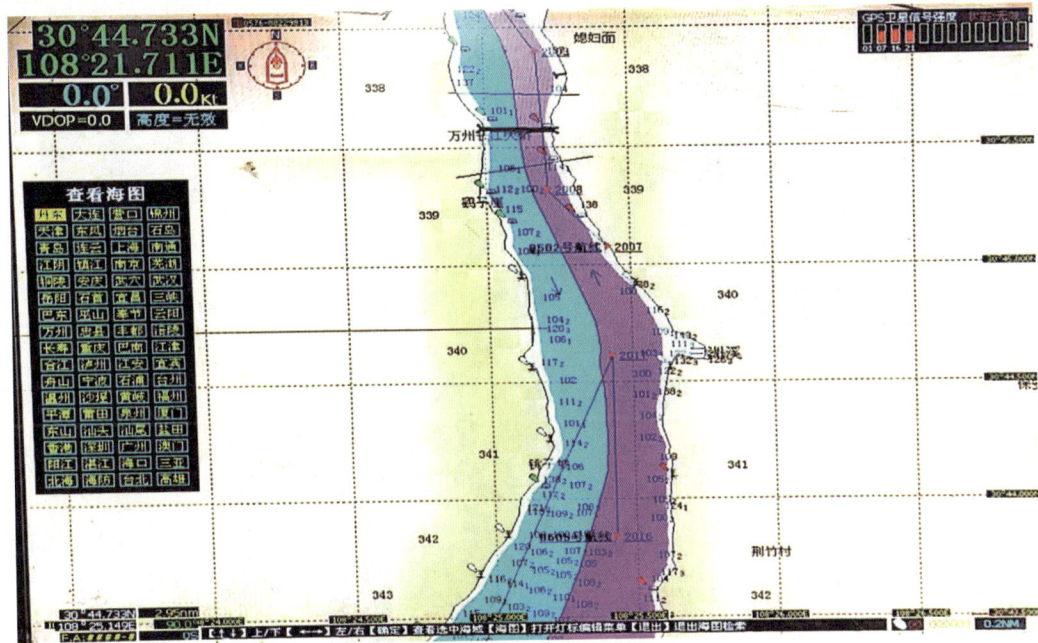

图4-3　GPS的长江电子航道图

2.在长江电子航道图中查找万州港,并绘制其距宜昌325~340 km航段的航道图。

(三)认知 AIS 长江电子航道图

打开 AIS 的长江电子航道图功能,如图 4-4 所示:

1. AIS 终端的长江电子航道图显示信息有哪些?

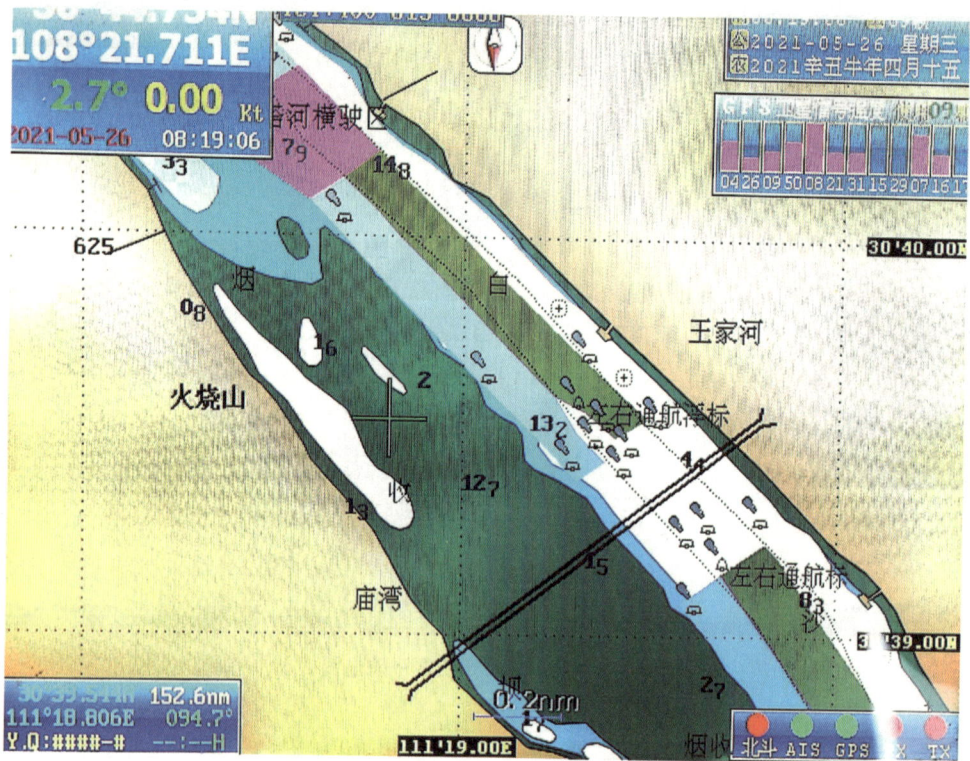

图 4-4　AIS 的长江电子航道图

2. 在长江电子航道图中查找吴淞口,并绘制 1 号浮标至 12 号浮标航段的航道图。

_____

_____

_____

_____

(四)认知北斗长江电子航道图

打开北斗的长江电子航道图功能,如图 4-5 所示:

1. 北斗终端的长江电子航道图显示信息有哪些?

_____

_____

_____

_____

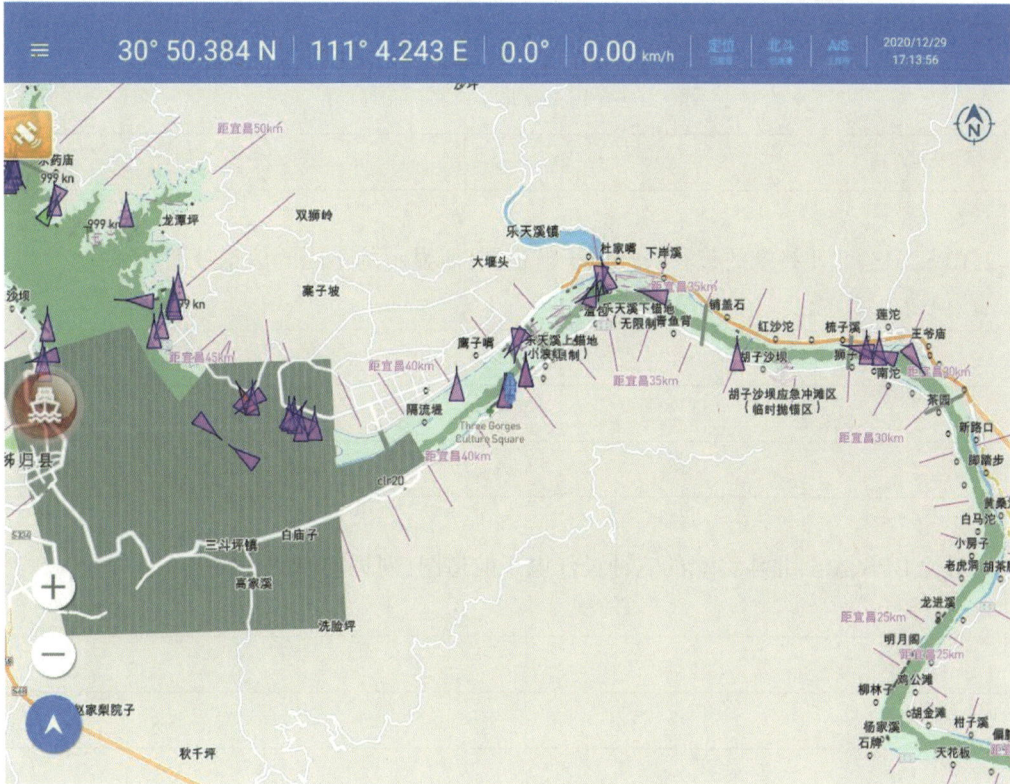

图 4-5　北斗的长江电子航道图

2. 在长江电子航道图中查找重庆港,并绘制其距宜昌 655~665 km 航段的航道图。

_____

_____

_____

_____

3. 测量距离本船最近船舶与本船的距离和方位。

_____

_____

_____

_____

(五) 对比 GPS、AIS、北斗终端的长江电子航道图

1. GPS、AIS、北斗终端的三种长江电子航道图,所显示的相同的信息有哪些?

_____

_____

_____

2. GPS、AIS、北斗终端的三种长江电子航道图,所显示的不同的信息分别有哪些?

_____

_____

_____

3. 对比 GPS、AIS、北斗终端的三种长江电子航道图,列举它们的优缺点。

_____

_____

_____

二、识读长江电子航道图的航道信息

GPS、AIS、北斗终端的长江电子航道图的显示界面对比如图 4-6 所示,读取以下信息:

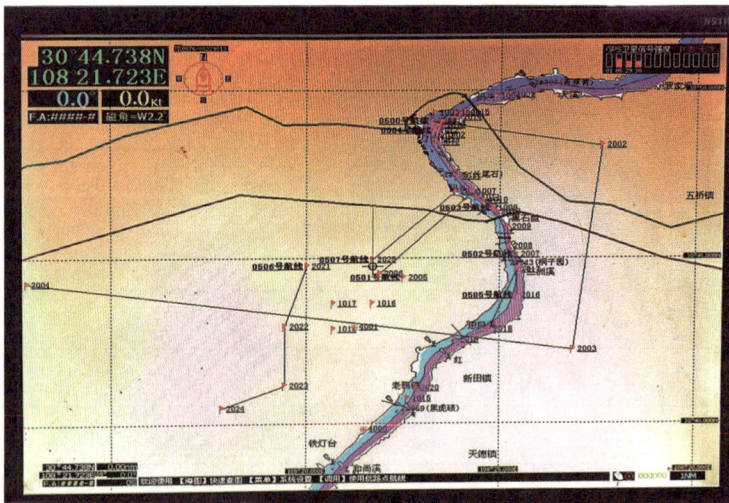

(a)

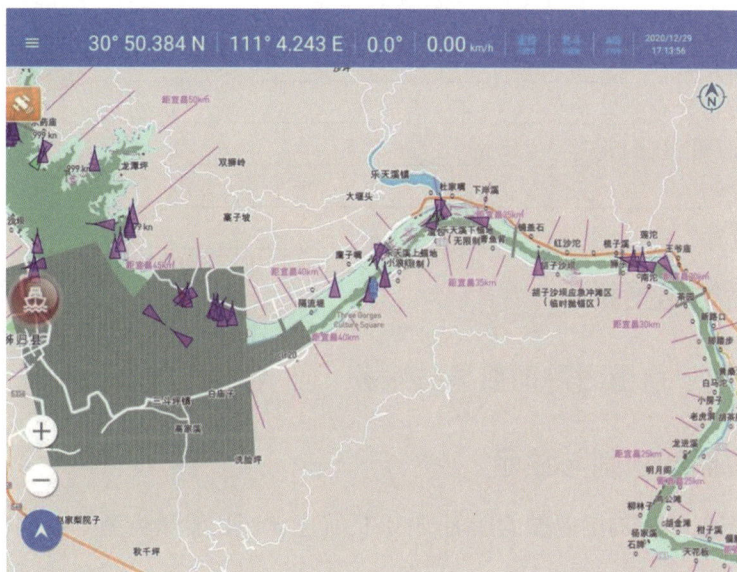

（b）

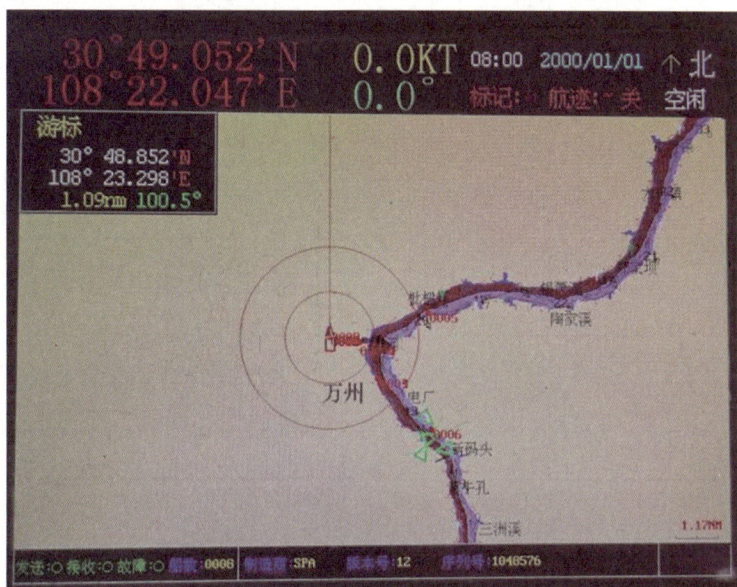

（c）

图 4-6 GPS、AIS、北斗终端的长江电子航道图的显示界面对比

（一）浏览长江电子航道图，并进行放大与缩小

（二）查询某一航段（万州港距宜昌 325～340 km）的航道信息

1.浮标设置：_____

2.水深情况：_____

3.航道地名：_____

4. 支流分布：_____

5. 碍航物标：_____

6. 架空建筑物分布：_____

7. 河底电缆、管道分布：_____

8. 码头设置：_____

9. 锚地设置：_____

(三) 查看数据更新

三、长江电子航道图的助航导航服务

(一) 周边船舶识别与显示

显示 AIS 船舶，查看周围船舶的船名、MMSI、航速、航向、船舶类型等船舶信息，并完成表 4-1 的空白内容：

表 4-1　AIS 信息表

序号	船名	MMSI	航速（km/h）	航向	船舶类型
1					
2					
3					
4					
5					
6					
7					
8					
9					

(二) 设置航行预警

_____

_____

_____

_____

(三)查看流速信息

_____

_____

_____

_____

(四)查询可航水深

_____

_____

_____

_____

(五)查询可视距离及虚拟航标

_____

_____

_____

_____

四、长江电子航道图的管理监控服务

长江电子航道图通过对船舶所在位置及航行状态进行远程实时监控并记录监控信息,具备了船舶状态实时监控功能以及船舶航行轨迹回放功能,从而为用户提供船舶管理监控服务。

五、长江电子航道图在内河船舶上的应用

1. 驾驶员及舵工可利用长江电子航道图熟悉航行水域的航道等情况。
2. 驾驶员可利用长江电子航道图随时判断船位和航向正确与否。
3. 驾驶员可利用长江电子航道图了解锚地、码头、掉头水域等作业区的航道及水文情况。
4. 驾驶员可利用长江电子航道图了解航行水域及作业区的注意事项。

学习任务 二
工作总结与评价

学习目标

1. 能结合自身任务完成情况，正确规范撰写工作总结。
2. 能按分组情况，分别派代表叙述本小组的工作成果，说明本次任务完成情况，并进行分析总结。
3. 能就本次任务中出现的问题，提出整改措施。
4. 能对本次工作进行反思，并能与他人交流，总结工作经验。

学习过程

一、个人自评

_____

_____

_____

_____

_____

_____

_____

_____

二、小组评价

_____

_____

_____

_____

三、教师总结

(一)对各组完成任务的优点进行评价。

_____

_____

_____

_____

(二)找出各组完成任务的缺点,提出改进方案。

_____

_____

_____

_____

(三)对整个任务完成的优点和缺点进行点评。

_____

_____

_____

_____

四、评价与分析表

表 4-1　评价与分析表

班级＿＿＿＿＿＿　组别＿＿＿＿＿＿　组长＿＿＿＿＿＿

小组成员＿＿＿＿＿＿＿＿＿＿＿＿＿＿＿＿＿＿＿＿＿

项目	个人自评(10%)			小组评价(20%)			教师总结(70%)		
	9~10	6~8	1~5	9~10	6~8	1~5	9~10	6~8	1~5
学习任务一									
安全文明									
规范操作									
协作精神									
纪律观念									
工作态度									
学习主动性									
工作页完成质量									
小计									
总评									

项目五

船用雷达及其操作

学习目标

1. 能熟练掌握船用雷达的各组成部分,并能绘制船用雷达的基本组成框架图。

2. 能简要叙述船用雷达各组成部分的作用。

3. 能正确测定雷达盲区和雷达阴影扇形区。

4. 能正确识别并抑制雷达假回波。

5. 能正确识别并抑制雷达干扰回波。

6. 能正确识别并捕捉雷达物标真回波。

7. 通过查阅雷达说明书,能明确 GP-500 型雷达面板主要按键的名称及作用。

8. 能熟练掌握雷达面板上各开关控制按钮的作用,按操作规程调节各旋钮、按键以获得最理想的雷达扫描图像。

9. 通过查阅雷达说明书,能按操作规程正确地进行雷达开关机。

10. 能按操作规程利用雷达定船位。

11. 能按操作规程利用雷达摆船位、选航线。

12. 能通过已知固定物标判断船舶动态。

13. 能熟练设定雷达警戒圈并正确判断碰撞危险。

14. 能熟练操作方位距标圈并通过其交点正确判断碰撞危险。

15. 通过查阅雷达说明书,正确地对雷达进行日常维护及保养。

16. 能主动获取有效信息,展示学习成果,及时对学习和工作进行反思,并与他人合作共享,沟通总结经验。

建议学时

8 学时。

工作流程与活动

1. 认知船用雷达(1 学时)。
2. 船用雷达的基本操作(6 学时)。
3. 工作总结与评价(1 学时)。

情景导入

1. 工作情景描述

船舶在系泊中进行装卸货,值班驾驶员需要在装卸货工作完成前对船舶雷达进行维护保养检查,确保一切正常后再按照正确的操作规程开启雷达,通过调节各旋钮、按键以得到最清晰、最理想的雷达扫描图标。值班驾驶员通过反复观察雷达扫描的物标信息,判定船舶碰撞危险,采取正确的避让措施以保证船舶安全,并在航行日志中进行记录。

2. 学习导入

(1)安全作业、实训规范教育

(2)世界雷达发展史

第一次世界大战期间,军用飞机出现,一些国家在抵御它的进攻方面遇到了很大的困难。为此,有的科学家开始研制一种远距离寻找飞机的仪器,这就是后来的雷达。不过,雷达的发明可以追溯到 19 世纪。1887 年,德国科学家赫兹在证实电磁波的存在时,就已发现电磁波在传播的过程中遇到金属物会被反射回来,就如同用镜子可以反射光一样。这实质上就是雷达的工作原理。1935 年,英国著名的物理学家、国家物理研究所无线电研究室主任沃特森·瓦特发明了一种既能发射无线电波,又能接收反射波的装置,它能在很远的距离就探测到飞机的行动。这就是世界上第一台雷达。为了安全和方便,当时称这种雷达为 CH 系统。经过几次改进后,1938 年,CH 系统才被正式安装在泰晤士河口附近。这个 200 km 长的雷达网,在第二次世界大战中给希特勒造成了极大的威胁。随后,英国海军又将雷达安装在军舰上,这些雷达在海战中也发挥了重要作用。

1941 年,美国首先制成带有平面位置显示器的脉冲微波海面搜索雷达。这种雷达在第二次世界大战的反潜艇作战中发挥了重大作用,战后被用作商船航海雷达,以保证航海安全。20世纪 60 年代末到 70 年代初出现了自动雷达标绘仪,进一步发挥了雷达在避碰上的作用,得到广泛应用。《1972 年国际海上避碰规则》规定了正确使用雷达和进行标绘的要求。《1974 年国际海上人命安全公约 1981 年修正案》规定了不同吨位船舶安装雷达和自动雷达标绘仪的台数和日期。国际海事组织也先后通过了航海雷达和自动雷达标绘仪的性能标准。

（3）我国雷达发展史

中华人民共和国成立后，为了满足国防建设的需要，雷达工业在我国逐步兴起并成型。我国雷达技术的发展历程主要经历了四个阶段：第一个是中华人民共和国成立后到 1953 年，这时还处于设想与构建时期；第二个是 1953 年到 20 世纪 60 年代，这时是以仿制为主的新兴发展阶段；第三个是 20 世纪 60 年代初到 70 年代中期，这时已经变为自主设计的发展阶段；第四个是 70 年代中期后，这时已步入高速发展阶段，技术进步显著。

我国雷达起源于 20 世纪 50 年代，距今不过短短几十年，但实际上，早在十几年前，也就是 21 世纪初，我国雷达技术就已经领先欧美了。我国雷达在短时间内实现弯道超车领先世界，其中的耕耘与汗水值得每一位同学去深刻体会先辈们为科学献身的伟大精神。

🖱 学习热身

●雷达使用简要说明

最初，雷达会沿用先前使用的量程和脉冲长度。而其他设置（例如亮度、VRM、EBL 和菜单选项的选择）也会使用先前的设置。

使用【STBY/TX】键（或 TX STBY 方框）可在雷达的 STBY（待机）和 TRANSMIT（发射）状态之间来回切换。在待机状态下，天线停转；在发射状态下，天线转动。磁控管会随时间推移逐渐老化，导致输出功率降低。强烈建议在雷达闲置时将其设置为待机，以延长使用寿命。

雷达有两种控制单元：控制单元 RCU-014（完全键盘）和控制单元 RUC-105（掌上控制）。雷达控制单位组成如图 5-1 所示。

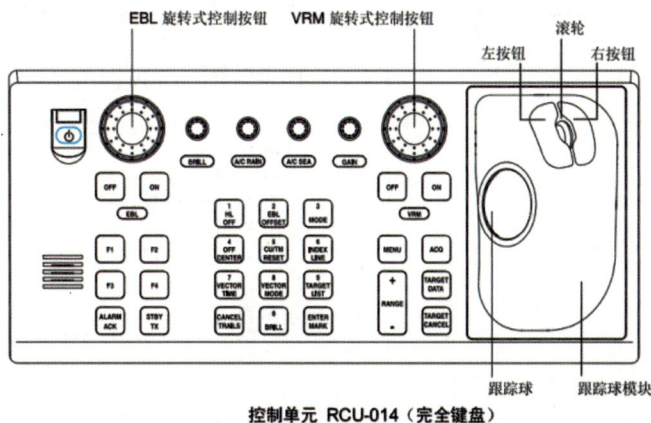

控制单元 RCU-014（完全键盘）

图 5-1　雷达控制单元组成

一、启动雷达

1. 快速启动

如果雷达刚刚使用过且发射管（磁控管）依然温热，可以直接将雷达切换到 TRANSMIT（发射）状态而无需进行三分钟的预热。如果由于操作失误或类似原因导致【POWER】开关关闭，应该在断电后的 10 s 之内打开【POWER】开关以快速地重新启动雷达。雷达显示屏幕如图 5-2 所示。

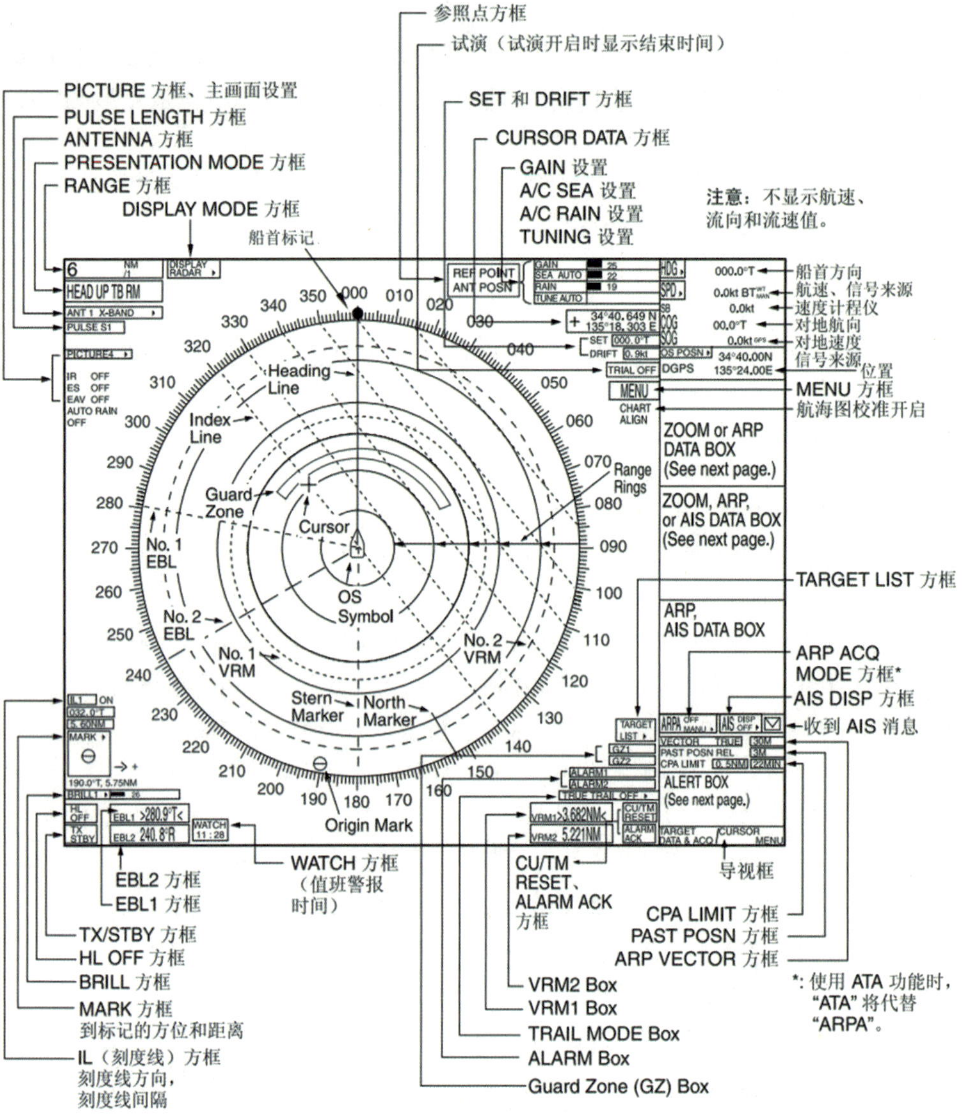

图 5-2　雷达显示屏幕

2. 回波区域

非 IMO 雷达的回波显示区域可以使用三种配置：圆形、矩形和全屏。可以使用 ECHO（回波）菜单上的 7 ECHOAREA（7 回波区域）选择配置。

二、调谐

（一）选择调谐方式

使用屏幕顶部的 TUNE（调谐）方框选择调谐模式。

1. 转动跟踪球在屏幕顶部选择 TUNE（调谐）方框（TUNE AUTO 或者 TUNE MANU）。

2. 根据需要，按左按钮或转动滚轮显示 TUNE AUTO（自动调谐）或 TUNE MANU（手动调

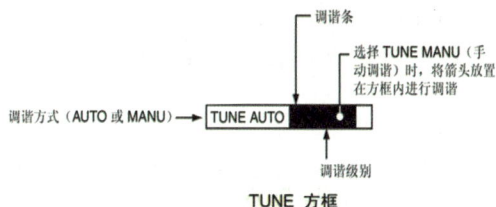

TUNE 方框

谐)。

3.如果使用滚轮选择调谐方式,按滚轮或左按钮更改设置。

(二)初始化调谐

在安装过程中初始化自动调谐。如果您认为自动调谐运行不正常,可以按照以下方法对其进行重新初始化:

1.转动跟踪球选择位于屏幕右边的 MENU(菜单)方框,然后按滚轮或左按钮。

2.转动滚轮,选择 1 ECHO(回波),然后按下滚轮或左按钮。

```
[ECHO]

1  BACK
2  2ND ECHO REJ
   OFF/ON
3  TUNE INITIALIZE
4  PM*1
   OFF/ON
5  SART
   OFF/ON
6  WIPER
   OFF/1/2
7  ECHO AREA*2
   CIRCLE/WIDE/ALL
```

*1 不适用于 FAR-2157/2167DS
*2 不适用于 IMO 或类型 A

ECHO 菜单

3.转动滚轮选择 3 TUNE INITIALIZE(初始化调谐)。

4.按下滚轮或左按钮,初始化自动调谐。(对于从键盘进行的操作,按【ENTER MARK】键。)初始化过程中,警报方框中出现"WORKIN PROGRESS-TUNE INITIALIZE"(正在进行初始化调谐)。

5.按两次右按钮关闭菜单。

三、显示模式

(一)雷达具有两种显示模式

1.相对运动（RM）

(1)船首向上:不稳定。

(2)船首向上 TB(真方位):船首向上,并以罗经稳定方位刻度(真方位),方位刻度随罗经读数旋转。

(3)航向向上:在选择航向向上时相对船只方向的罗经稳定。

（4）真北向上：罗经稳定，并参照真北方向。

（5）船尾向上：雷达图像旋转 180°，显示图解和相对方位及真方位也旋转 180°。

2. 真运动（TM）

（1）真北向上：以罗经和速度输入值稳定地面或海面。

（2）船尾向上：同相对运动。

(二) 选择显示模式

连续按【MODE】(模式)键选择所需的显示模式。PRESENTATION MODE(显示模式)方框显示当前显示模式。

(三) 显示模式说明

1. 船首向上模式

在船首向上模式下，显示屏中连接本船与显示屏顶部的线条表示本船船首方向，如图 5-3 所示。

目标尖头信号显示为彩色，在所测距离上其方向相对于本船船首方向。

方位刻度上的短线是真北标记，表示船首方向传感器信号为真北方向。

输入出错时，真北标记将消失，读数显示为 ＊＊＊.＊°，屏幕右下角显示红色消息"HDG SIG MISSING"(HDG 信号丢失)。

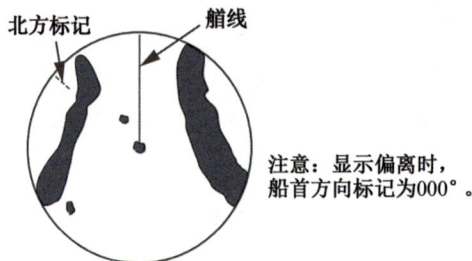

图 5-3　船首向上模式

2. 航向向上模式

航向向上模式为方位角稳定显示，屏幕上连接屏幕中心与屏幕顶部的线条表示本船预定航向(即选择该模式之前的本船船首方向)，如图 5-4 所示。

目标尖头信号显示为彩色，在所测量的距离上其方向相对于预定航向。该信号始终位于 0°位置。艏线随船只偏航及航向的变化而移动。该模式有助于避免航向改变时画面出现曳尾重影。

3. 船首向上真方位模式

船首向上真方位模式的雷达回波显示方式与船首向上模式相同。其与正常船首向上显示的不同之处在于方位刻度的方向。方位刻度处于船首方向传感器稳定状态。也就是说，它会随船首方向传感器信号转动，以便驾驶员快速查看本船的船首方向。

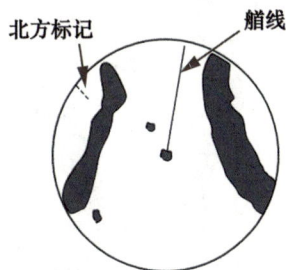

图 5-4　航向向上模式

当雷达与电罗经船首方向传感器连接时，可以使用这个模式。

如果电罗经船首方向传感器出现故障，方位刻度将返回到船首向上模式状态。

4. 真北向上模式

在真北向上模式下，目标尖头信号显示为彩色，在所测量的距离上其真方向（船首方向感应器信号）相对于本船，真北方位始终位于屏幕顶部，艏线方向随船首方向而改变，如图 5-5 所示。

罗经出现故障时，显示模式变为船首向上，真北标记消失。同时，HDG 读数显示为 ＊＊＊.＊°，并且在屏幕的右下角显示红色消息"HDG SIG MISSING"（HDG 信号丢失）。

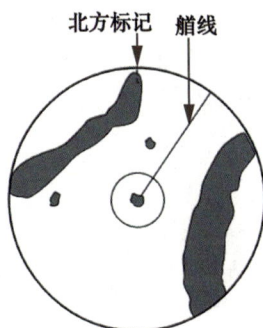

图 5-5　真北向上模式

5. 船尾向上模式

将船首向上模式画面、相对方位和真方位以及显示图解转动 180°，便是船尾向上模式，如图 5-6 所示。备份时，该模式对双雷达的拖船很有帮助：一个雷达显示船首向上，另一个雷达显示船尾向上。要启用船尾向上模式，在 7 OPERATION（操作）菜单中打开 STERN-UP（船尾向上）。船尾向上模式无法用于 MIMO 型或 A 型雷达。

6. 真运动模式

真运动模式如图 5-7 所示，在该模式下，本船及其他移动物体按其真实航向和航速移动。在地面稳定真运动模式下，全部固定目标（例如陆地）显示为静止回波。在无流向和流速输入的海面稳定真运动模式下，陆地可以在屏幕上移动。请注意，真运动不适用于 72 n mile（仅非 MIMO 型）或 96 n mile 量程。如果 COG 和 SOG（两者均对地）不能使用真运动模式，则参照潮汐表输入流向（潮汐方向）和流速（潮汐速度）。

图 5-6　船尾向上模式

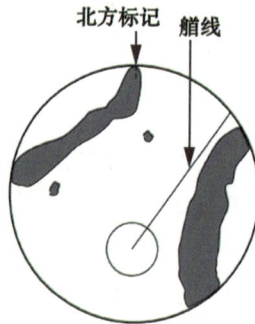

图 5-7　真运动模式

　　在真运动模式下,当本船到达屏幕半径的 50% 处时,本船位置会沿着与艏线延伸方向相反的方向自动复位到另一侧半径的 75% 处,如图 5-8 所示。可以按下【CU/TM RESET】键,手动恢复本船符号,或转动跟踪球在显示器右下角选择 CU/TM RESET 方框并按下左按钮。

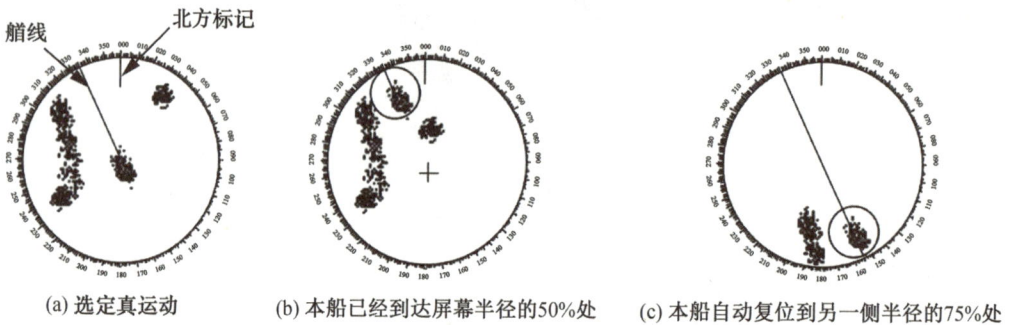

(a) 选定真运动　　　　(b) 本船已经到达屏幕半径的50%处　　　(c) 本船自动复位到另一侧半径的75%处

图 5-8　在真运动模式下自动复位本船标记

　　船首方向传感器出现故障时,显示模式变为船首向上,真北标记消失。另外,HDG 读数显示为 ＊＊＊．＊°,屏幕右下角显示红色的消息“HDG SIG MISSING”(HDG 信号丢失)。

四、选择量程

　　屏幕左上角显示已选定的量程、距离圈间隔和脉冲长度。当关注目标逼近时,可以减小量程,使目标始终位于显示屏半径的 50%～90% 处。

1. 操纵键盘

　　使用【RANGE】键选择所需距离。点击键的“+”部分增大距离;点击“−”部分减小距离。

2. 操纵跟踪球

(1)转动跟踪球,在屏幕左上角选择 RANGE(距离)方框。导视框显示"RANGE DOWN/RANGE UP"(距离减小/距离增大)。

$$\boxed{0.125^{NM}_{/0.025}}$$

RANGE 方框

(2)按左按钮减小距离;按右按钮增大距离。您也可以通过转动滚轮选择距离,然后按下滚轮或左按钮。

五、调整灵敏度

增益控制按钮可以调整接收器的灵敏度。

当背景噪讯刚好在屏幕上可见,此时的设置最合适。设置的灵敏度太低,会丢失较弱的回波;灵敏度过高,则会产生太多的背景噪讯。信号较强的目标可能会因所需回波和显示屏上背景噪讯的对比度过低而丢失。

要调节接收器的灵敏度,可调整增益控制按钮,使背景噪讯刚好在屏幕上可见。

1. 操纵键盘

监视屏幕顶部增益级别指示符的同时,操纵【GAIN】(增益)控制按钮,调整灵敏度。

2. 操纵跟踪球

(1)转动跟踪球,将箭头置于屏幕顶部的增益级别指示器内。

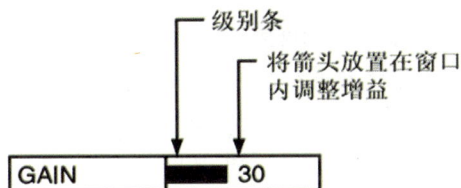

```
                    ┌──── 级别条
                    │  ┌── 将箭头放置在窗口
                    │  │   内调整增益
┌──────────┬────────┼──┐
│ GAIN     │████    │30│
└──────────┴────────┴──┘
```

GAIN 级别指示符

(2)向下转动滚轮提高增益,向上转动滚轮降低增益。有 100 个(0~100)可用级别。

六、抑制海浪杂波

波浪的回波可以产生称为"海浪杂波"的随机信号,并遮盖显示屏的中心部分。波浪越大,天线超出水面越高,则杂波越强。当海浪杂波遮盖画面时,使用【A/C SEA】控制按钮以手动或自动方式进行抑制。

(一)选择调整方式

1.转动跟踪球,选择显示器顶部的 SEA AUTO 或 SEA MAN(取显示者)。

2.按左按钮显示相应的 SEA AUTO 或 SEA MAN。

级别条

将箭头放置在窗口
内调整 A/C SEA

SEA AUTO ▮ 30

A/C SEA 调整方法（SEA AUTO 或 SEA MAN）

A/C SEA 级别指示符

(二) 通过 A/C SEA 控制按钮进行自动调整

Auto A/C SEA 允许微调 A/C SEA 电路,调整范围为±20 dB。因此,当级别条读数设置为 100 时,由于手动 A/C SEA 在邻近距离上,增益不会降低到最小值。而且,因为原始输入回波的平均值在没有海面反射的地区处于较低位置,所以自动 A/C SEA 的级别较低。例如,当船只停靠码头时,雷达画面显示来自陆地和海洋的回波;由于 STC 曲线随回波的大小而不同,可以观测到回波的大小。

注意:自动 A/C 功能可以消除微弱的目标回波。观察显示屏的同时,小心调节控制按钮。

操纵键盘:

1. 按照"选择调整方式"选择 SEA AUTO。

2. 观察 A/C SEA 级别指示器的同时,使用【A/C SEA】控制按钮调整 A/C SEA。

有 100 个可用级别。

● 雷达盲区

雷达盲区是指雷达波的最小作用距离(用 D 表示)以内的区域。它是船舶交通管理系统雷达站的技术参数,主要取决于雷达的性能和雷达天线的高度。船舶在航行时,一些小的、反射性能较差的物标有可能在远距离没有被探测到,而到近距离本应该能探测到时,由于雷达盲区的存在,又使其无法被雷达发现,这样,在夜间或天气不好(如有雾等)时瞭望人员以目视无法发现,以至于给船舶的安全航行和人命财产带来威胁。引入雷达盲区的概念后,使驾驶人员在任何时候都会牢记雷达盲区的存在,为其在避让、转向、停车等操作中提供一个数值依据,以充分考虑各种不利的因素和后果的影响。

一、假回波

在雷达荧光屏上显示回波图像的位置,实际上并不存在物标,这种回波称为假回波。船用导航雷达的假回波有如下几种:

(一) 间接反射回波

1. 产生原因

船上具有较好的反射面的烟囱、大桅、吊杆柱及其附近的大船、陆上的大型建筑物等对雷达波的间接反射,使雷达波改变方向后射向物标,又将物标的反射回波再反射回天线,这样在雷达显示屏上形成的回波称为间接反射回波。船舶在狭水道、港区航行或在锚地锚泊时,附近有大船、桥梁、大型建筑物等都容易产生间接反射回波。

2. 特点

间接反射回波有如下特点：

(1)间接反射回波的方位通常在阴影扇形区内出现。

(2)间接反射回波的显示距离等于天线至间接反射体的距离加上间接反射体至物标的距离。

(3)当物标与本船相对位置变化时,间接回波在屏幕上的移动是不规则的:方位不变(仍在阴影扇形区内)或消失,只是距离有些变化。

(4)回波的形状会有畸变。

3. 识别方法

本船暂时改变航向时,船首向上相对运动显示方式的雷达屏幕上真的物标回波方位改变,而间接回波方位不变(仍在阴影扇形区内)或消失,因此可用此法识别间接回波。

(二) 多次反射回波

1. 产生原因

由于雷达波在本船与物标间多次反射而均被天线接收形成的回波,称为多次反射回波。

2. 特点

多次反射回波是在真回波外面等间隔分布的一串回波,强度越来越弱,间距均等于真回波的距离,特点明显,易于识别。

3. 抑制或削弱的方法

多次反射回波可通过适当减小增益和适当使用 FTC 加以削弱。

(三) 旁瓣回波

1. 产生原因

旁瓣回波是由雷达天线辐射的旁波瓣探测到的物标回波。因为旁波瓣功率较小,所以一般在近距离内有较大反射强度的物标时才会产生。

2. 特点

旁瓣回波对称分布于真向波两侧的等距圆弧上,强度越向侧后越弱。对于电气性能较差的天线,旁瓣回波多而强,可能会形成一个圆圈。旁瓣回波由于特点明显,所以较容易识别。

3. 削弱的方法

旁瓣回波可以用适当降低增益、适当使用 FTC 及 STC 加以削弱。

(四) 二次扫描回波

1. 产生原因

由于物标距离较远,第一个扫描周期发射的脉冲遇到物标反射回到天线时,显示器已处于

第二个扫描周期了,屏幕上的这种回波称为二次扫描回波。二次扫描回波有如下特点:

(1)假回波的方位就是实际物标的方位。

(2)假回波的距离等于物标实际距离与 $CT/2$(C 为电磁波速度,T 为雷达所用量程的脉冲重复周期)的差。

(3)假回波在屏幕上的移动是不规则的。

(4)假回波形状与实际物标形状的触发脉冲相差极大,本来是直线的岸线会变成向扫描中心凸出的曲线。

2.识别方法

识别二次扫描回波的方法是改变量程段,即改变脉冲重复周期 T,使真回波的显示距离和形状不变(仅改变在屏幕上的位置),而假回波的显示距离及形状改变或者消失。

二、干扰回波

(一)雨雪干扰回波

在雷达屏幕上,出现在下雨下雪的方向上呈一片无明显边缘的疏松的棉絮状连续亮区就是雨雪干扰产生的回波。

产生原因:下大雨或暴雨、下大雪或暴雪时,大气中的雨滴或雪花对雷达发射的电磁波的反射。

回波特点:呈一片疏松的棉絮状连续亮区,出现在下雨下雪的方向上。同等条件下,雨雪干扰回波的强弱与降雨降雪量的大小有关,降雨降雪量越大,干扰回波越强。

消除方法:

(1)调节"雨雪干扰抑制(FTC)"旋钮;

(2)调节"增益"旋钮;

(3)使用 10 cm 波长的雷达;

(4)采用圆极化波发射;

(5)采用 CFAR 处理电路。

(二)海浪干扰回波

海浪对雷达发射电磁波的反射,可能会在雷达屏幕上产生海浪干扰回波。海浪干扰回波出现在雷达屏幕扫描中心周围 6~8 n mile 范围内,最大时可达到 10 n mile 的范围,其中上风向一侧干扰强度最大。

海浪干扰回波在屏幕扫描中心周围呈椭圆状一片亮点或时隐时现的光点。若遇强浪干扰,则呈现圆盘状亮斑回波,越往外,干扰强度越急剧减弱。

消除方法:

(1)调节"海浪干扰抑制(STC)"旋钮;

(2)调节"增益"旋钮;

(3)使用 10 cm 波长的雷达;

(4)采用 CFAR 处理电路。

(三)同频干扰回波

当两艘船使用的雷达脉冲重复频率相同(或接近相同)且两船相距很近时,两艘船上的雷达同时相互接收对方发射的雷达电磁波,就会在各自的雷达屏幕上产生同频干扰回波。

回波特点:当两部雷达的脉冲重复频率完全相同时,屏幕上显示径向光点[见图 5-9(a)];当两部雷达的脉冲重复频率相差较小时,屏幕上显示螺旋线光点[见图 5-9(b)];当两部雷达的脉冲重复频率相差较大时,屏幕上显示无规则的光点。

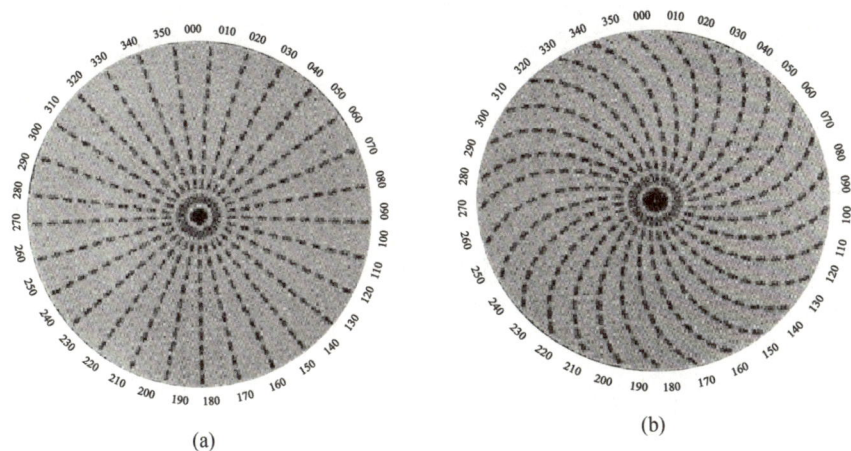

(a)　　　　　　　　　　　　　　(b)

图 5-9　雷达同频干扰回波

消除方法:

(1)换用另一部雷达;

(2)调节"同频干扰抑制"旋钮;

(3)选用小量程显示。

学习任务 一
认知船用雷达

学习目标

1. 能描述船用雷达测距与测方位的基本工作原理。
2. 能描述船用雷达的基本组成及其作用。
3. 能描述船用雷达的盲区。
4. 能描述如何正确抑制雷达的假回波、干扰回波。

学习过程

一、认知船用雷达测距与测方位的基本工作原理

船用雷达是一种通过发射无线电波和接收回波,对物标进行探测和测定其位置的设备。

(一)认知船用雷达测距的基本工作原理

1. 物理基础:超高频无线电波在空间直线传播遇物标能良好反射。
2. 测距公式:$R = 1/2 \cdot C \cdot \Delta t$。
Δt:往返于天线与目标的时间;
C:电磁波在空间直线传播的速度,$C = 3 \times 10^2$ m/μs。

(二)认知船用雷达测方位的基本工作原理

1. 利用收发定向天线,只向一个方向发射雷达波且只接收此方向上的目标的反射回波。
2. 天线旋转依次向四周发射雷达波,则可探知周围物标的方位——天线的方向即物标的方位。

二、认知船用雷达的基本组成及其作用

观察船用雷达,查阅资料,结合图5-10,完成以下空白内容。

92

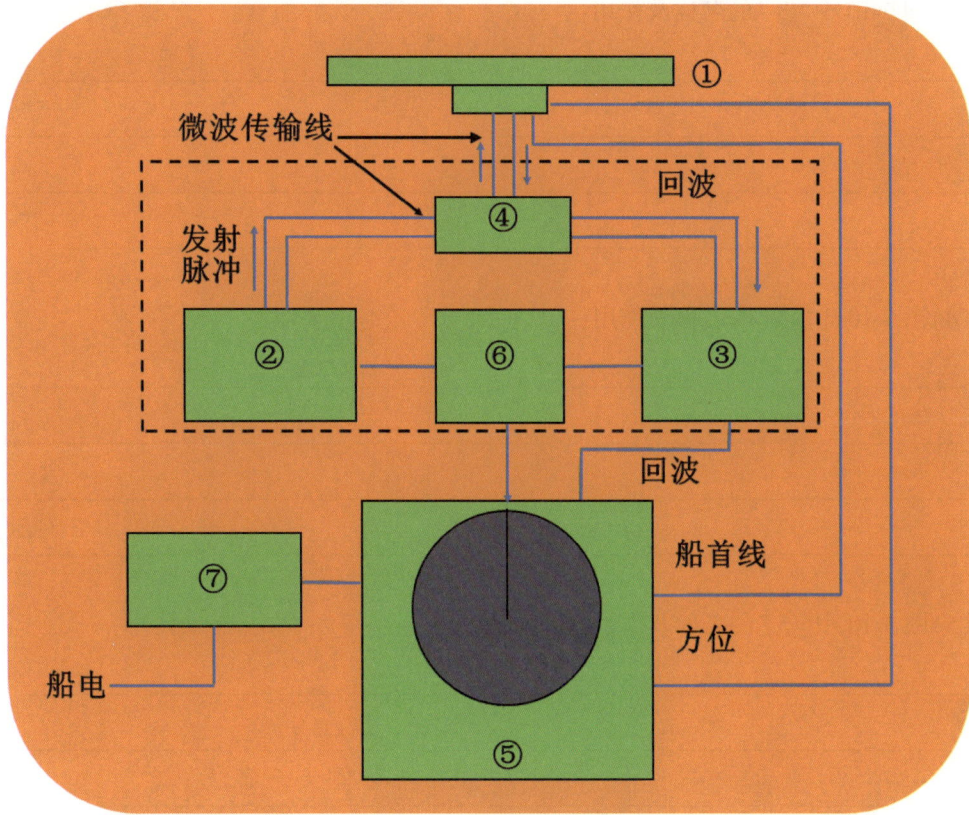

图 5-10　船用雷达的基本组成

（1）图 5-10 中"①"的名称及作用：

_____

_____

_____

_____

（2）图 5-10 中"②"的名称及作用：

_____

_____

_____

_____

(3)图 5-10 中"③"的名称及作用：

_____

_____

_____

(4)图 5-10 中"④"的名称及作用：

_____

_____

_____

(5)图 5-10 中"⑤"的名称及作用：

_____

_____

_____

(6)图 5-10 中"⑥"的名称及作用：

_____

_____

_____

(7)图 5-10 中"⑦"的名称及作用：

_____

_____

_____

三、测定雷达盲区和扇形阴影区

查阅说明书,简述雷达盲区和扇形阴影区:

_____

_____

_____

_____

四、抑制雷达假回波

查阅说明书,简述雷达假回波的种类、特点及消除方法:

_____

_____

_____

_____

五、抑制雷达干扰回波

查阅说明书,简述雷达干扰回波的种类、特点及消除方法:

_____

_____

_____

_____

学习任务 二
船用雷达的基本操作

学习目标

1. 能描述船用雷达测距与测方位的基本工作原理。
2. 能描述船用雷达的基本组成及其作用。
3. 能描述船用雷达盲区。
4. 能描述如何正确抑制雷达的假回波、干扰回波。

学习过程

一、认知船用雷达面板功能键

本机型号为"古野 10.4 英寸彩色液晶雷达 MODEL1945",查阅该型号说明书,对照雷达及图 5-11,完成表 5-1 的空白内容:

表 5-1　古野 10.4 英寸彩色液晶雷达 MODEL1945 功能键

功能键序号	功能键作用
①	
②	
③	
④	
⑤	
⑥	
⑦	
⑧	
⑨	
⑩	

（续表）

功能键序号	功能键作用
⑪	
⑫	
⑬	
⑭	
⑮	
⑯	

图 5-11　船用雷达面板功能键

二、雷达基本操作

（一）开机前的检查

1.天线上是否有人或阻碍天线旋转的障碍物。

2. GAIN、SWEEP 是否逆时针到底;STC、FTC 是否处于关闭位置。

3. 船电闸刀是否合上。

(二)开机

1. 雷达开关(Power Switch)置于 STAND-BY,等 3 min。

2. 雷达开关(Power Switch)置于 ON。

3. 调扫描线亮度(Sweep):使扫描线刚好看不见。

4. 调增益(Gain):使噪声斑点刚好可见。

5. 调调谐(Tune):使调谐指示偏转最大,或影像最大、最亮、最清晰饱满。

(三)关机

1. 雷达开关(Power Switch)置于 STAND-BY。

2. GAIN、SWEEP 逆时针到底;STC、FTC 处于关闭位置。

3. 雷达开关(Power Switch)置于 OFF。

三、雷达的调节

根据当前条件,结合说明书,通过调节雷达增益、调谐、量程、海浪抑制等功能键,使雷达显示界面清晰饱满,并写出调节步骤:

_____

_____

_____

_____

四、切换雷达显示方式

图 5-12 左右两幅图的显示方式有何区别?

_____

_____

_____

_____

查阅说明书,按以下三种方式切换雷达显示方式(见图 5-12):

1. 船首线指向分为:船首向上、真北向上、航向向上;

2. 扫描中心(起始点)运动分为:相对运动、真运动;

3. 扫描中心(起始点)位置分为:中心显示、偏心显示。

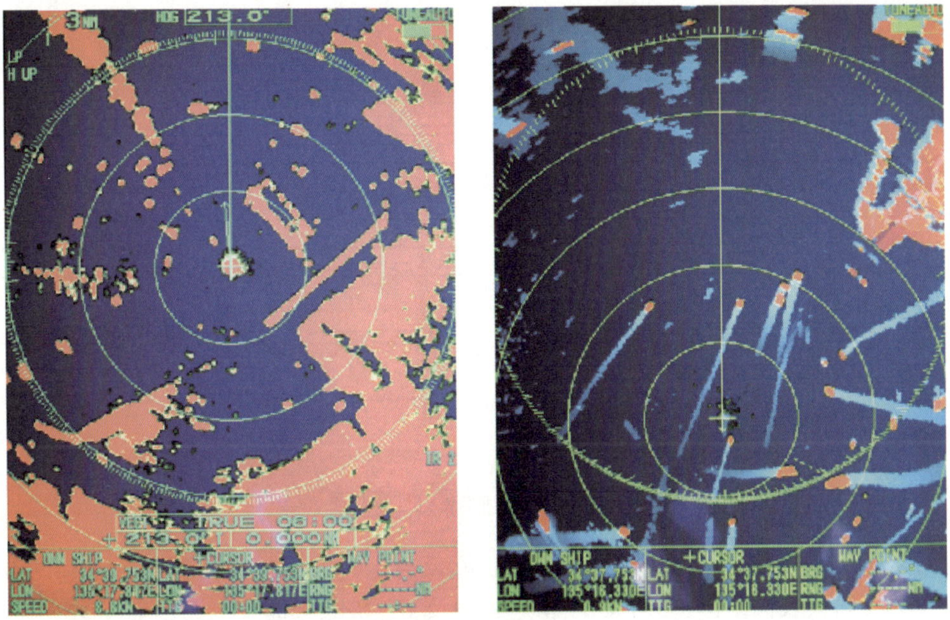

图 5-12　雷达显示方式

五、雷达的维护保养

(一) 天线系统

查阅资料,阅读说明书,简述雷达天线的维护保养事项:

_____

_____

_____

_____

(二) 收发机

查阅资料,阅读说明书,简述雷达收发机的维护保养事项:

_____

_____

_____

_____

（三）显示器

查阅资料，阅读说明书，简述雷达显示器的维护保养事项：

_____

_____

_____

_____

六、雷达回波图像的识别

（一）目标回波图像的观测及其特性影响因素

通常用目标有效散射面积（RCS）来表示目标反射雷达波的能力。而实际目标的 RCS 与目标的材质、纹理、表面结构、几何尺寸、雷达视角及工作波长等因素有关。

1. 目标材质的导电性或电解性越好，其 RCS 越大，雷达回波就越强。

2. 目标反射雷达辐射波束的一个脉冲宽度为一个辐射单元体。

（1）如果被雷达波束照射到的目标迎向雷达面的面积小于辐射单元的横截面积，目标该面积增加时，则回波的亮度增强，大小也增加，即回波的强度和大小与目标的高度和宽度成正比。

（2）如果被雷达波束照射到的目标迎向雷达面的面积大于辐射单元的横截面积，目标该面积增加时，则回波的大小增加，但回波的亮度不增加，即回波的强度与目标的高度、宽度无关。

3. 目标纹理与雷达视角（入射雷达波与目标表面的夹角）如图 5-13 所示，请画出雷达回波反射路径。

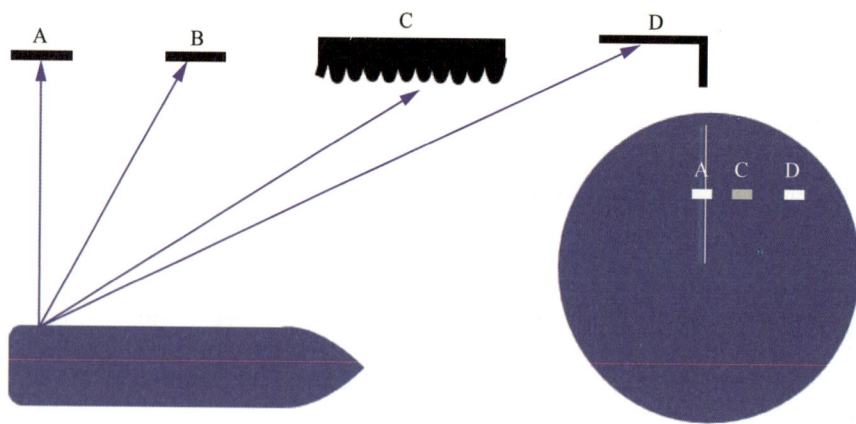

图 5-13　目标纹理与雷达视角

4.目标形状与雷达反射波如图 5-14 所示,请画出雷达回波反射路径。

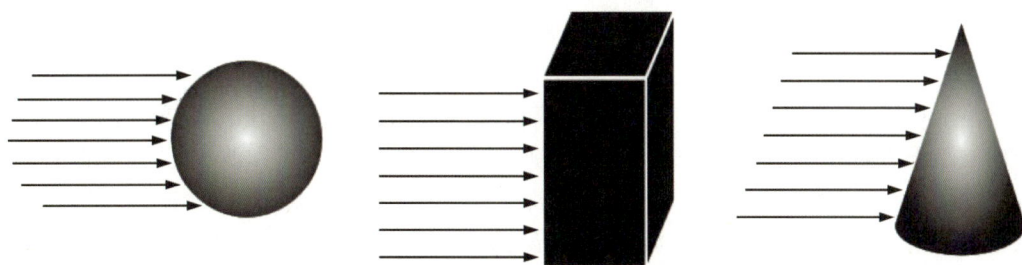

图 5-14　目标形状与雷达反射波

(二)典型目标观测特性

1.陆地回波的强度与陆地的高度、坡度、坡面结构及坡面覆盖情况等因素有关。

(1)远距离目标回波失真较大,一般较难识别。测距时应当测其后沿,测方位时按点状目标来测中心方位。

(2)船舶运动时,回波形状和强度不断变化,目标回波失真。横向失真大于径向失真(方位方向大于距离方向)。从径向上看,回波前沿位置比较准确,后沿拖尾,适当使用 FTC 弥补横向失真可降低扫描亮度和接收系统增益,使方位失真最小。

观测陆地回波应注意:

(1)陡直山崖的回波强且稳定,是亮度定位导航的良好目标。

(2)倾斜山坡岸线也能与海图较好对应,但由于差拍而使回波总体减弱。

(3)植被有利于增强山坡回波,但使陡峭山崖的回波减弱。

(4)平缓岸线不是雷达定位导航的良好目标。

(5)码头边缘和防波堤是很好的雷达观测目标。

2.孤立的岛屿是很好的雷达观测目标。近距离岛屿(海面雷达地平之内)的回波前沿比较准确,是雷达测距的理想位置。

3.船舶回波的强度取决于船舶的材质、大小、类型、视角等因素。

分辨浮标及附近小船的方法:

(1)仔细研究海图,确认浮标附近是否允许船舶航行或抛锚。

(2)降低增益和雷达亮度,首先消失的回波通常是浮标。

(3)通过人工或自动雷达标绘仪(ARPA)确定运动的目标是船舶。

4.冰和冰山刚刚离体,四面陡峭的冰山回波比较强,最危险的是融化剩余的残碎冰山。船舶在冰区航行时应在上游通过,并应:

(1)经常变换雷达的发射脉冲宽度和量程;

(2)谨慎、合理使用海浪杂波抑制(STC)。

5.跨江大桥、跨江电缆回波在雷达屏幕上不显示,低空飞行的飞机表现为快速跳跃式回波。

(三) 雷达的干扰回波

1. 波浪干扰回波

波浪干扰回波(见图 5-15)的强度随着距离的增加按指数规律迅速减弱,密度稀疏。上风舷方向波浪干扰回波强,下风舷方向波浪干扰回波弱。另外,雷达工作波长短、发射脉冲宽度宽、天线高、天线水平波束宽、天线转速慢,则波浪干扰回波强。观测时可使用海浪抑制(STC)及其他辅助措施,如选用窄脉冲、S 波段雷达、高转速天线等。

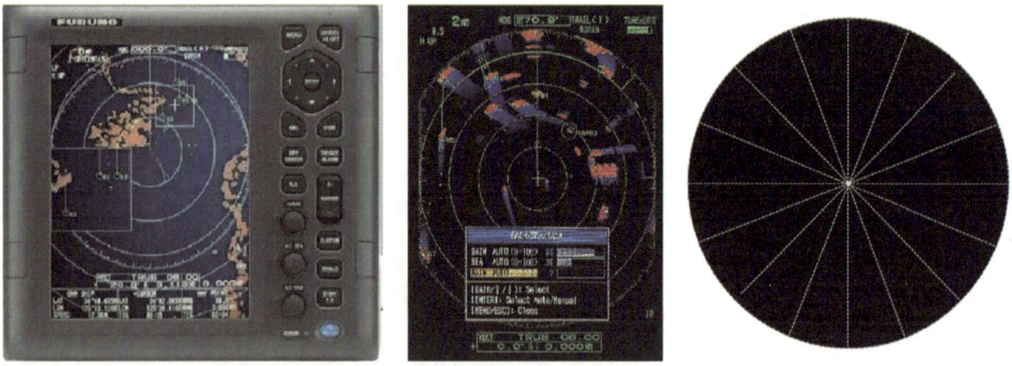

图 5-15 波浪干扰回波、雨雪干扰回波、雷达同频干扰回波

查阅资料,简述波浪干扰回波应如何处理:

_____

_____

_____

_____

2. 雨雪干扰回波

(1)雷达波在大气中的传播特点造成雷达波能力衰减,衰减程度与降水量成正比,并随波长的减小而增加(使用 10 cm 雷达)。

(2)雨雪干扰回波(见图 5-15)的特点与影响因素:较小的雨雪在雷达屏幕上表现为无明显边缘的疏松棉絮状亮斑区,强降水雨雪表现为辉亮状回波;雷达工作波长越短、发射脉冲宽度越宽、天线波束越宽,雨雪反射越强。

查阅资料,简述雨雪干扰回波应如何处理:

_____

_____

_____

_____

3. 雷达同频干扰回波

若发生雷达同频干扰,可使用同频干扰抑制,但两船相距较近导致干扰较强时,干扰回波很难完全消除。此时,应尽量避免与其他抑制干扰方法同时使用,以防止目标回波丢失。

查阅资料,简述同频干扰回波(见图5-15)的特点与影响因素:

_____

_____

_____

_____

4. 雷达二次扫描回波

雷达二次扫描回波(见图5-16)的特点:

(1)假回波图形与实际物标形状不符,发生了变化。远处直线陡岸在屏上显示时,变成"V"字形图像。

(2)改变量程(从而改变脉冲重复周期)时,假回波图像距离会改变、变形或消失。此法可用于雷达二次扫描回波的识别。

(3)假回波显示的方位是物标的真实方位,但显示的距离是实际距离与 $C \cdot T/2$ 之差。

(4)假回波在屏上的移动不正常。

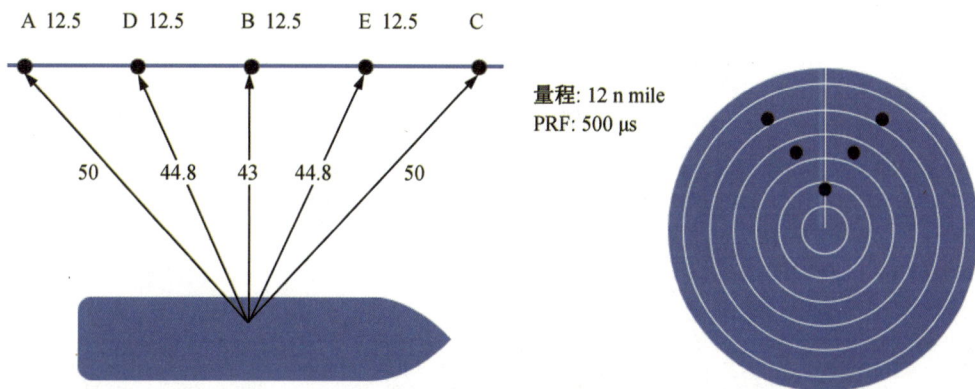

图 5-16　雷达二次扫描回波的显示

(四)测量周围物标的方位和距离,确定本船船位

1. 单物标距离方位定位

在雷达上选取显著物标,根据单物标的距离和方位确定本船船位,如图5-17所示。

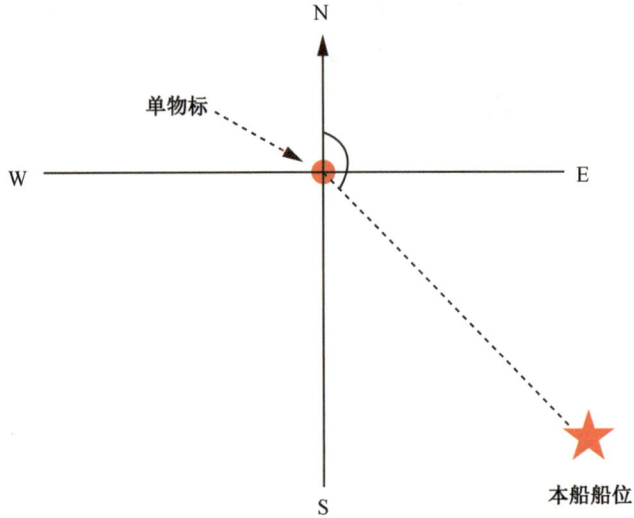

图 5-17　单物标距离方位定位

2. 三物标距离定位

在雷达上选取三个显著物标,根据三个物标的距离确定本船船位,如图 5-18 所示。

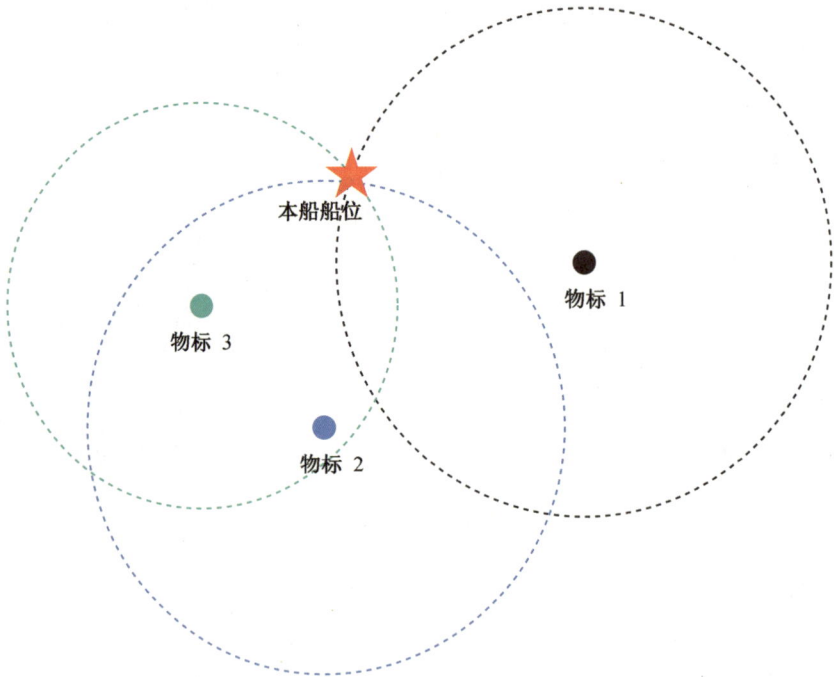

图 5-18　三物标距离定位

根据以上定位方法,确定本船船位,并思考其他雷达定位方法。

(五) 利用雷达进行导航操作

1. 平行避险线操作

根据图 5-19 平行避险线图,完成相应操作:
①选择参照物。
②测距。
③确定安全距离。
④保持船舶总是航行在避险线外。

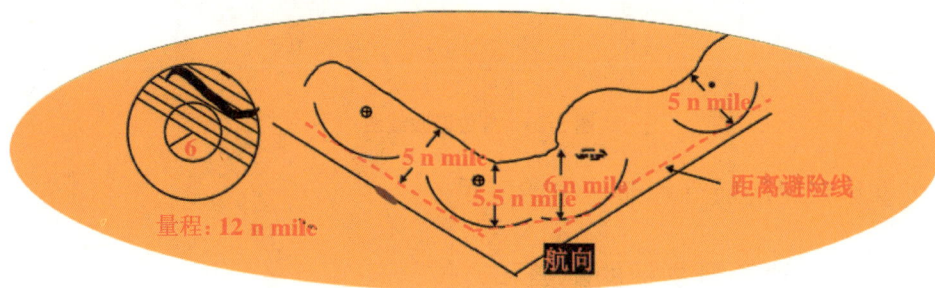

图 5-19　平行避险线图

_____

_____

_____

_____

2. 方位避险线操作

根据图 5-20 方位避险线图,完成相应操作:
①选择参照物。
②方位避险线测真方位。
③确定安全方位。
④保持船舶航行在方位避险线安全的一侧。

_____

_____

_____

_____

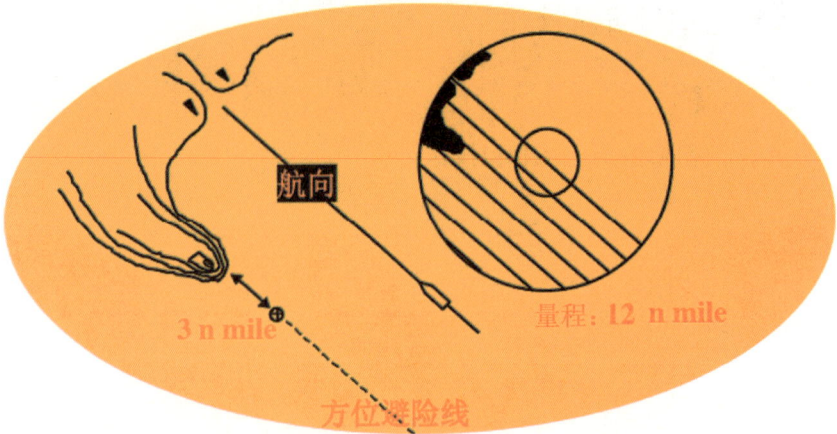

图 5-20　方位避险线图

七、雷达在船舶航行和避让中的应用

(一) 利用雷达测量物标的距离和方位

(二) 利用雷达定船位

(三) 利用雷达摆船位、选航线

(四) 利用雷达避让

1. 利用已知固定物标判断船舶动态。
2. 设立警戒圈判断碰撞危险。
3. 利用方位线距标圈交点判断碰撞危险。

学习任务 三
工作总结与评价

学习目标

1. 能结合自身任务完成情况,正确规范撰写工作总结。
2. 能按分组情况,分别派代表叙述本小组的工作成果,说明本次任务完成情况,并进行分析总结。
3. 能就本次任务中出现的问题,提出整改措施。
4. 能对本次工作进行反思,并能与他人交流,总结工作经验。

学习过程

一、个人自评

二、小组评价

_____

_____

_____

_____

三、教师总结

(一)对各组完成任务的优点进行评价。

_____

_____

_____

_____

(二)找出各组完成任务的缺点,提出改进方案。

_____

_____

_____

_____

(三)对整个任务完成的优点和缺点进行点评。

_____

_____

_____

_____

四、评价与分析表

表 5-3　评价与分析表

班级_____　组别_____　组长_____

小组成员_____

项目	个人自评（10%）			小组评价（20%）			教师总结（70%）		
	9~10	6~8	1~5	9~10	6~8	1~5	9~10	6~8	1~5
学习任务一									
学习任务二									
安全文明									
规范操作									
协作精神									
纪律观念									
工作态度									
学习主动性									
工作页完成质量									
小计									
总评									

项目六

VHF（甚高频无线电话）及其使用

学习目标

1. 能叙述 VHF 的工作原理。
2. 能阐述 VHF 的作用。
3. 能熟悉 VHF 的主要性能。
4. 能通过查阅 VHF 的说明书，明确 VHF 面板主要按键的名称及作用。
5. 能熟练掌握 VHF 的使用方法。
6. 能对 VHF 进行日常维护和保养。
7. 能熟悉航行水域值守频道及 VHF 使用注意事项。
8. 能主动获取有效信息，展示学习成果，及时对学习和工作进行反思，能与他人合作共享，沟通总结经验。

建议学时

7 学时。

工作流程与活动

1. 认知 VHF(1 学时)。
2. VHF 的基本操作(5 学时)。
3. 工作总结与评价(1 学时)。

情景导入

1. 工作情景描述

船舶在某一水域航行时,航道中通航密度较大,应通过 VHF 与他船保持联系,以便掌握他船的航行动态,统一会让意图,从而保障船舶安全航行。

2. 学习导入

(1)安全作业、实训规范教育

(2)船舶沟通

船舶管理有别于地方行政管理和公司企业管理,它是人事管理和技术管理的综合体,有自成体系的管理结构和模式。简单地说,船舶人事管理是督促船员遵守国家法律法规和公司制度及纪律的管理,而船舶技术管理是对船舶、机器和设备的使用、维护和保养的管理。无论是船舶人事管理还是船舶技术管理,实际上都离不开对人的管理。从现代企业管理学的角度来说,对人的管理最重要的是沟通管理,船舶管理亦是如此。船员作为特殊水上职业,不仅存在本船船员之间的沟通,还有船与船之间、船与岸之间的沟通,沟通对船舶安全航行、避让、靠离泊都发挥着至关重要的作用。

学习热身

● VHF 使用说明

船舶 VHF 如图 6-1 所示。

图 6-1　船舶 VHF

一、注意事项

1. 不要将收发器连接到交流电源插座上,这可能会造成触电或火灾的危害。

2. 未得到公司明确批准,请不要变更或修改本装置。

3. 决不要把收发器连接到超过 16 V 的直流电源或使用反向极性。

4. 不要切断直流插头和保险丝座的直流电源线。

5. 切勿将收发器放在有可能会妨碍船只正常运行或导致人身伤害的地方。

6. 将收发器放在至少离船舶的导航罗经 1 m 的地方。

7. 不要在-20 ℃以下或 60 ℃以上的地方放置和使用收发器,也不要将收发器放在阳光直射的地方,如甲板。

8. 在清洗时避免使用化学溶剂,如汽油或酒精,因为它们可能会损坏收发器的表面。

9. 随着长时间的运行,收发器的后面板会越来越热;请将收发器放在一个安全的地方,以避免儿童意外使用。

10. 没有天线时不要发送和接受信息,这样会损坏收发器。

二、外观描述

(一) 前面板

1. 频道上翻/下翻键

(1)选择工作频道,进行模式设置等。

(2)同时按住【SCAN】键,可以调整液晶屏的亮度和背光。

(3)打开电源时,按住这两个键来激活 AquaQuake 功能。

2. 电源/音量调节键

(1)旋转打开或关闭收发器的电源和调整无线电级别。

(2)旋转设置静噪级别,进行静噪控制。

3. 频道 16/呼叫频道键

(1)按键选择频道 16。

(2)按住 1 s 选择呼叫频道。

(3)当选择呼叫频道时,按住 3 s 进入呼叫频道编程状态。

(4)当按住【CH/WX】键时,进入频道评论编程状态。

(5)推动移动光标向前。

(6)当电源打开时,按键进入设置模式。

4. 频道/天气预报频道键

(1)选择和切换正常频道和天气频道。

(2)按住 1 s,来启动双看或三看。

(3)当任一功能被激活后,按键停止双看或三看。

（4）按键向后移动光标。

5. 扫描键

（1）按键启动或停止正常或优先扫描。

（2）按住 1 s,设置或清除显示频道作为标记频道。

（3）按住麦克风上的【H/L】键 3 s,清除选定频道组中的标记频道。

6. 遇险呼救键

按住 5 s 会发送一个求救电话。

7. DSC/位置键

（1）按键进入 DSC 菜单。

（2）按住 1 s,全球定位系统接收机会显示当前位置。

（二）麦克风

1. PTT 开关

按住发送,松开接收。

2. 频道上翻/下翻键

（1）按任意键来改变操作频道,设置模式等。

（2）当喜欢的频道功能开启时,按下任何键,按顺序在选定的频道组中挑选喜欢的频道。

3. 发射功率键

（1）按【H/L】键切换功率的高低。

（2）当按住【H/L】键时,打开电源,切换麦克风锁定功能。

（三）功能显示

1. 频道组指标

说明是否美国"U"、国际"I"或加拿大"C"频道在使用。

2. 读出频道号

（1）表示选定操作频道编号。

（2）在设置模式下,表明选定的条件。

3. 发送指标

发送时显示。

4. 指示器忙碌

接收信号时或静噪开启时出现。

5. 呼叫频道指示器

选择呼叫频道时出现。

6. 低电源指示灯

当电源过低时出现。

7. 天气频道指示器

(1)"WX"：当选定天气频道时出现。
(2)"WXALT"：当天气警报功能使用时出现，收到提示音时闪烁。

8. DSC 指示灯

(1)"DSC"：当收到来电时出现。
(2)"POSREPLY"：当收到位置报告答复电话或位置回复电话时出现。

9. 频道评论指示器

(1)如果编程，频道评论就会显示。
(2)"LOWBATTERY"：当你的电池电压下降到直流 10.8 V 或以下时滚动。
(3)"SC"：当优先扫描时出现；"SCAN"：正常浏览时闪烁。
(4)"DW"：双看时闪烁；"TW"：三看时闪烁。

10. 标记频道指示器

当一个标记频道被选择时出现。

11. 双重指示器

当选择双重频道时显示。

12. 全球定位系统指示器

(1)当收到有效的位置数据时显示。
(2)当收到无效的位置数据时闪烁。
(3)当没有连接到 GPS 接收器时消失。

三、基本操作

(一)16 频道

16 频道是遇险和安全频道，用于建立与一个站初次接触和应急通信。当待机时，你必须监控 16 频道。

(1)按【16】键随时选择 16 频道。
(2)按【CH/WX】键返回状态，然后再选择 16 频道，或按【▲】或【▼】键来选择工作频道。

(二)9 频道

每个正常频道组有一个单独的供休闲使用的呼叫频道。在三看过程中，呼叫频道被监控。

呼叫频道可编程。每个频道组可以用来存储最经常使用的频道,以便快速找回。

(1)按住【9】键 1 s,选择所选频道组中的呼叫频道。

(2)按【CH/WX】键返回到以前的状态,选择呼叫频道,按【▲】或【▼】键选择一个频道。

(三)美国、加拿大和国际频道

IC-M304 型 VHF 预先用 59 美国频道、63 加拿大频道和 59 国际频道编程,这些频道可能被指定操作范围。

(1)按【CH/WX】键来选择一个正常频道。

(2)如果必要的话,可以按收发器的键来换频道组。

(3)按【▲】或【▼】键选择一个频道。

(四)天气频道

IC-M304G 型 VHF 有 10 个预先编程的天气频道,用于收听国家海洋和大气管理局的广播。在接收或浏览频道时,该收发器可以自动检测所选择的天气频道的警报音,天气预报的可用性是有限的。根据国家或地区,该收发器可以接收来自 NOAA 的广播。

(1)按【CH/WX】键一次或两次来选择一个天气频道。

(2)按【▲】或【▼】键选择一个频道。

(五)接收和发送

1. 旋转【VOL】旋钮打开电源。

2. 设置音频和静噪级别。

(1)提前充分逆时针旋转【SQL】旋钮。

(2)旋转【VOL】旋钮调整音频输出级别。

(3)顺时针旋转【SQL】旋钮,直到噪声消失。

3. 多按【U/I/C】键几次可选取所需的频道组。

4. 选择一个频道。

(1)当接收信号时出现"BUSY"字样,音频从扬声器发出。

(2)旋转【PUSH TO SELECT】旋钮进一步调整。

5. 如果有必要的话,按【H/L】键选择输出功率。

(1)LOW:当选择低功率时显示。

(2)近距离通信选择低功率,远距离通信选择高功率。

(3)有些频道只能选择低功率。

6. 按住【PTT】键发射,然后对着麦克风说话。

7. 释放【PTT】键接收。

注意:

为了最大限度地发挥所发射信号的可读性,可停顿几秒,再按【PTT】键,拿起话筒离嘴 5～10 cm,对着麦克风说话的声音应在一个正常的水平。

（六）呼叫频道节目

呼叫频道用来选择 9 频道，但是，可以在每个频道节目组中编辑最常用的频道，以便快速调用。

（1）按几次【U/I/C】键可选取所需的频道组进行分组。

（2）按住【9】键 1 s，选择所选频道组的呼叫频道。

（3）再次按住【9】键 3 s，进入呼叫频道编程状态。

（4）按【▲】或【▼】键选择所需的频道。

（5）与呼叫频道一样，按【16】键编程显示的频道。

（七）频道评论

（1）内存频道可以带有一个最多 10 个字符的独特的编号。

（2）选择频道后，在频道评论指标中，超过 6 个字符的注释自动滚动：大写字母、小写字母、0~9、一些符号和空格都可以用。

（八）麦克风锁定功能

麦克风锁定功能由麦克风上的【▲】或【▼】键实现，这样可以防止意外频道的变化和功能的访问。

当按住麦克风上的【H/L】键时，切换麦克风锁定功能。

（九）显示背光

显示屏和按键在低光条件下有更好的可视性。

当按住【SCAN】键时，按【▲】或【▼】键调整液晶屏亮度和按键背光。

（十）AquaQuake 排水功能

IC-M304 使用新技术排水，当使用这个功能时，会发出震动的声音。

（1）按【▲】或【▼】键，打开电源。

（2）当按【▲】或【▼】键打开排水功能时，会有一声蜂鸣声。

四、扫描操作

（一）扫描类型

（1）扫描是一种在很宽的频率范围内快速定位信号的有效方式。该收发器具有优先扫描和正常扫描两种方式。

（2）在天气警报功能开启时，以前选择的天气频道也被扫描。

（3）按顺序优先检索所有标记频道，同时监测 16 频道。当在 16 频道检测到信号时，扫描会暂停，直到信号消失；当在 16 频道以外的频道检测到信号时，扫描成为双看，直到信号消失。

（二）设置标记频道

1. 为更有效地扫描，添加想要的频道为标记频道或消除不需要的频道标签，未标记的频道在扫描时会跳过,标记频道可以分配给每个独立频道组。

(1)按【U/I/C】键几次挑选所需的频道组。

(2)挑选想要的频道作为一个标记频道。

(3)按住【TAG】键 1 s,设置显示的频道作为标记频道。

(4)重复步骤(3)取消标记频道设置。

2. 清除所有标记频道

当按住麦克风上的【H/L】键时,按住【TAG】键 3 s,清除挑选的频道组中的所有标记频道。

(三) 开始扫描

设置扫描类型,使用设置模式时需提前使用扫描恢复计时器。

(1)按【U/I/C】键几次挑选所需的频道组。

(2)按上面的说明设置标记频道。

(3)确保静噪关闭启动扫描。

(4)按【SCAN】键启动优先扫描或正常扫描。

学习任务 一

认知VHF

学习目标

1. 能按照实训车间规程进行安全参观。
2. 能叙述无线电波的基础知识。
3. 能叙述 VHF 的作用。
4. 能叙述甚高频通信系统的组成。
5. 能叙述各功能键的作用。

学习过程

一、实训安全作业教育

安全文明作业是船员应具备的基本素质之一,安全操作直接影响船员生命安全、船舶航行安全以及海洋环境安全。作为一名新船员,需培养良好的操作能力和养成文明的操作习惯,为具备良好船艺打下坚实基础。

二、认知无线电波

查阅资料,结合图 6-2,完成以下内容:

(一)何为无线电波?

_____

_____

_____

_____

(二)无线电波的传播方式有哪些?

_____

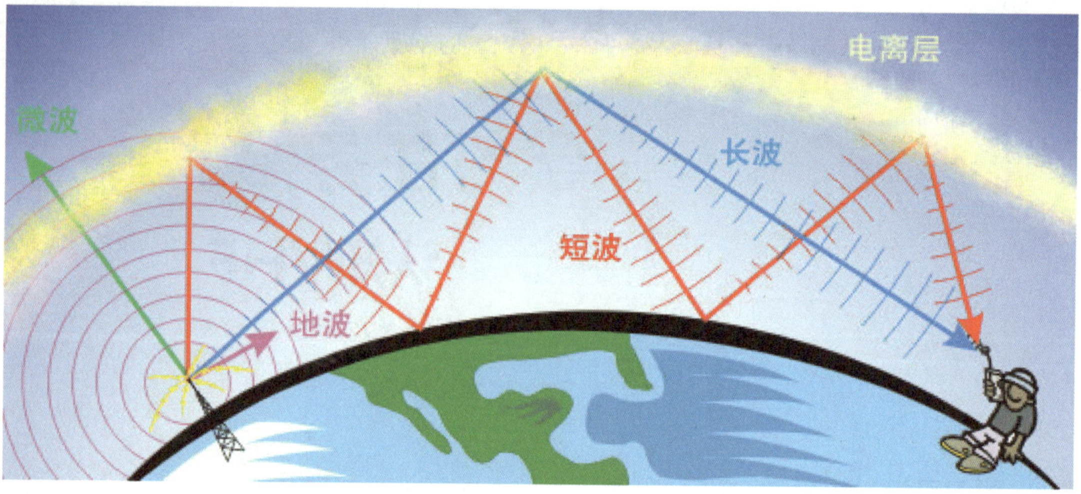

图 6-2　无线电波的传播

_____

_____

_____

(三)各波段传播的特点有哪些?

_____

_____

_____

_____

三、VHF 的作用及频率范围

(一) VHF 的作用

内河船用 VHF 主要用于船舶与沿航线港口的进出港联系,船舶与沿航线航标站的航道情况联系,船舶之间的航行联系,本船队之间的作业联系和其他通信联络(如应急、呼救等)。因此,它也是沟通船-船、船-岸以及本船队之间近距离信息联系的一种助航仪器。

(二)甚高频无线电波的频率范围

甚高频无线电波的频率为 30~300 MHz。国际上规定:甚高频水上移动业务电台的频率为 156~174 MHz。

四、认知 VHF 各功能键

(一)认知面板

阅读说明书,结合实训设备和图 6-3,完成表 6-1 的空白内容:

图 6-3　VHF 面板功能键

表 6-1　VHF 面板功能键作用列表

按键	作用
①VOL	
②SQL(静噪旋钮)	
③DISTRESS(遇险键)	
④CALL	
⑤MENU	
⑥3CH+/-	
⑦SCAN(扫描键)	
⑧WX	
⑨EXIT	
⑩16/9(呼叫频道键)	
⑪SILENCE	
⑫扩音器	

(二)认知麦克风

阅读说明书,结合实训设备和图 6-4,完成表 6-2 的空白内容:

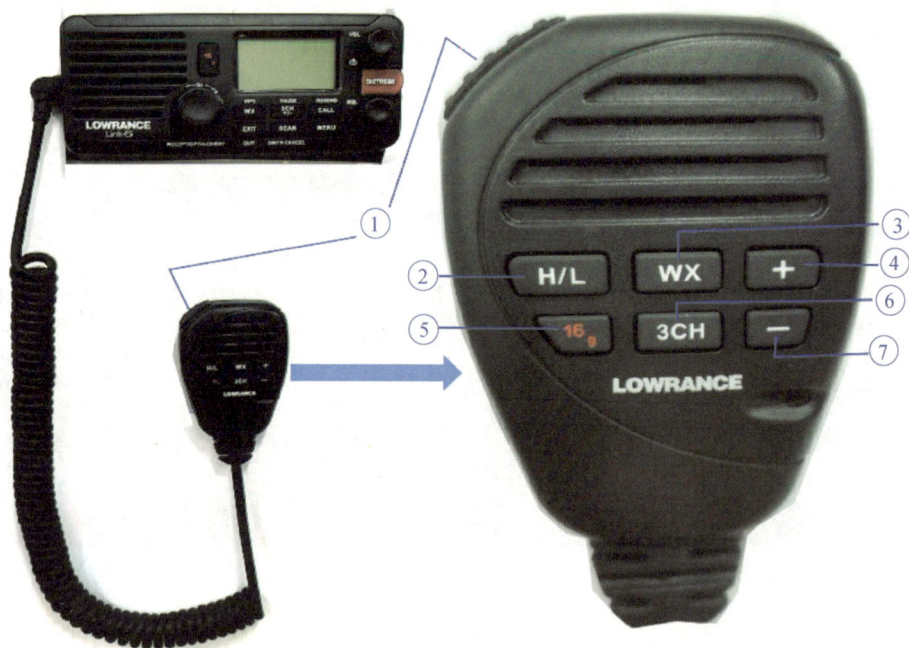

图 6-4　VHF 麦克风功能键

表 6-2　VHF 麦克风功能键作用列表

按键	作用
①PTT	
②H/L	
③WX	
④/⑦+/−	
⑤16/9(呼叫频道键)	
⑥3CH	

(三)认知显示屏

1.通过网络查询,结合图6-5,完成表6-3空白内容:

图 6-5　通用显示屏信息

表 6-3　通用显示屏信息列表

显示屏信息	作用
①频道号指示	
②频道组指示	
③频道注释指示	
④DSC 指示	
⑤GPS 指示	
⑥天气频道指示	
⑦异频指示	
⑧低功率指示	
⑨呼叫频道指示	
⑩标记频道指示	
⑪频道繁忙指示	
⑫发射指示	

2.阅读说明书,结合表 6-3 和实训设备,写出图 6-6 显示屏信息的含义:

图 6-6　LOWRANCE 牌 Link-5 型 VHF 显示屏

学习任务 二
VHF的使用

学习目标

1. 能熟悉船用 VHF 的主要性能。
2. 能掌握 VHF 的通信方法。
3. 能对 VHF 进行维护保养。
4. 能熟悉航行水域的值守频道。
5. 能知晓 VHF 的使用规定。

学习过程

一、用 VHF 进行通话

阅读说明书,结合 VHF 实训设备,完成以下两种通话模式,并写出操作步骤:

(一)单工通话模式的操作

_____

_____

_____

_____

(二)双工通话模式的操作

_____

_____

_____

_____

备注：

1. 单工通话模式：通信的每一时刻，通信只沿一个方向进行，即使用 VHF 中，在接收时不能发射，在发射时不能接收，只能在对方发话完毕后，才能向对方发话。通常单工通信时收、发信号采用统一频率。

2. 双工通话模式：双方能同时发射和接收彼此信号，即使用 VHF 中，在接收对方信号的同时可以将自己的信号发射给对方；在发射信号的同时也能接收对方的信号。进行双工通信必须要具备两个频率，即收、发信号采用异频。

3. 各移动台（船台）安装的 VHF，在相同的通信频道上具有相同的发射和接收频率，故船台和船台之间只能在单工频道上进行单工通信。船台和基地台（岸台）之间，在设置的双工频道上接收和发射频率刚好相反且接收和发射频率不同，可以进行双工通信，在设置的单工频道上也可进行单工通信。

二、静噪控制

阅读说明书，结合 VHF 实训设备，调节消除噪声，并写出操作步骤：

_____

_____

_____

_____

备注：

调整静噪控制旋钮，可以控制静噪电平，以便消除噪声。应调整适当（以刚好消除噪声为好），因为在降低噪声的同时也会降低接收机的灵敏度。

三、双重守候功能

在值守 16 频道的同时，请用另一频道与附近船舶通话，并写出操作步骤：

_____

_____

_____

_____

备注：

1. 按 16 频道（国际通用遇险即安全呼叫频道）优先的原则，可以自动监听 16 频道和另外任意选定的一个频道的信息。

2.16 频道（156.8 MHz）是无线电话国际遇险、安全和呼叫频道（单工频道），还可用于呼叫和回答。当船舶发生重大危急事件，严重危及船舶安全，需立即救援时，在船长命令下可使用无线电话的 16 频道发送遇险呼叫和遇险报告。遇险呼叫较其他一切发送具有绝对优先权。

四、大小功率发射控制

切换大功率与小功率发射，选择通话质量较好的功率，并写出操作步骤：

_____

_____

_____

_____

备注：

可以通过发信功率键选择是大功率（25 W）发射还是小功率（1 W）发射。一般在近距离或港内通信时，采用小功率发射，以避免无线电波间的相互干扰和减少耗电量；距离较远或信号较弱时，采用大功率发射。

五、向岸基船舶交通管理系统（VTS）报告操作

向岸基船舶交通管理系统报告示意图如图 6-7 所示。

图 6-7　向岸基船舶交通管理系统报告示意图

（一）查阅资料，简述船舶交通管理系统有何功能。

_____

_____

_____

_____

(二)查阅资料,简述船舶向船舶交通管理系统须报告哪些信息。

_____

_____

_____

(三)分别查寻重庆交管中心、万州交管中心、宜昌交管中心的频道,模拟船舶向交管中心报告。

_____

_____

_____

_____

备注:

1.16 频道(156.8 MHz)是无线电话国际遇险、安全和呼叫频道(单工频道),还可用于呼叫和回答。

2.船舶与武汉、南京、重庆、宜昌等江岸话台联络时,可先在16 频道上呼叫,沟通后应在岸台指定的工作频道上工作,与其他江岸话台联络可在各岸台工作频道上呼叫和工作。

3.6 频道(156.3 MHz)是船舶与长江航道信号台联系的专用频道,其他电台和业务不得使用。

4.8 频道(156.4 MHz)是船舶与长江航道信号台联系的专用频道,其他电台和业务不得使用。

5.船舶进入港区或近距离通话时应使用小功率(1 W)发射,以避免对其他通信造成影响。

六、VHF 的维护保养

船用 VHF 通常在湿度大、温差变化范围较大和震动的环境中工作,查阅资料,VHF 日常的维护保养应注意哪些事项?

_____

_____

_____

_____

七、VHF 在内河船舶上的应用

1. 船与船之间联系

当本船追越他船时，可用 VHF 先联系，同意追越行动；

当船舶在浅滩、窄槽河段航行时，可用 VHF 提前联系来船；

VHF 可用于船舶之间的日常交流，但需要在同一频道，不可在 6 频道、8 频道、16 频道等公共频道聊天。

2. 船与岸之间联系

当船舶靠岸时，可用 VHF 联系岸台；

VHF 可用于向岸基交通管理中心（VTS）报告。

3. 值守公共频道

船舶与武汉、南京、重庆、宜昌等江岸话台联络时，可先在 16 频道上呼叫，沟通后应在岸台指定的工作频道上工作，与其他江岸话台联络可在各岸台工作频道上呼叫和工作；

6 频道（156.3 MHz）是船舶与长江航道信号台联系的专用频道，其他电台和业务不得使用；

8 频道（156.4 MHz）是船舶与长江航道信号台联系的专用频道，其他电台和业务不得使用。

4. 使用注意事项

VHF 在船靠码头后不需使用时，可以关机（如需再用，也可随时开机通话）；严禁在 VHF 上讲私话，通话要简明扼要，仅限于船舶安全、生产等业务，防止泄露国家机密；使用船用 VHF，必须根据有关无线电话管理文件的有关规定办理。

学习任务 三
工作总结与评价

学习目标

1. 能结合自身任务完成情况,正确规范撰写工作总结。
2. 能按分组情况,分别派代表叙述本小组的工作成果,说明本次任务完成情况,并进行分析总结。
3. 能就本次任务中出现的问题,提出整改措施。
4. 能对本次工作进行反思,并能与他人交流,总结工作经验。

学习过程

一、个人自评

二、小组评价

三、教师总结

（一）对各组完成任务的优点进行评价。

（二）找出各组完成任务的缺点，提出改进方案。

（三）对整个任务完成的优点和缺点进行点评。

四、评价与分析表

表6-4　评价与分析表

班级＿＿＿＿＿＿　组别＿＿＿＿＿＿　组长＿＿＿＿＿＿

小组成员＿＿＿＿＿＿＿＿＿＿＿＿＿＿＿＿＿＿＿＿＿＿

项目	个人自评（10%）			小组评价（20%）			教师总结（70%）		
	9~10	6~8	1~5	9~10	6~8	1~5	9~10	6~8	1~5
学习任务一									
学习任务二									
安全文明									
规范操作									
协作精神									
纪律观念									
工作态度									
学习主动性									
工作页完成质量									
小计									
总评									

项目七

船用 GPS 及其操作

学习目标

1. 能查阅资料，熟知全球四大卫星导航系统，描述导航系统的功能和特点。
2. 能叙述 GPS 系统导航卫星、地面站、用户设备的组成。
3. 能叙述 GPS 卫星导航仪接收天线、电源、主机的作用。
4. 能通过查阅 GPS 说明书，明确 GP-500 型导航仪面板主要按键的名称及作用。
5. 能按 GPS 卫星导航仪开机方式，按操作规程进行冷启动、热启动和重新启动。
6. 能进行船位计算和选择显示功能。
7. 能按操作规程进行船舶导航。
8. 能按绘制航线进行船舶航线设计。
9. 能存储船舶重要导航信息。
10. 能显示和预报卫星的有关信息。
11. 能主动获取有效信息，展示学习成果，及时对学习和工作进行反思，能与他人合作共享，沟通总结经验。

建议学时

8 学时。

工作流程与活动

1. 认知卫星导航系统(1 学时)。
2. 认知 GPS(1 学时)。
3. GPS 的基本操作(5 学时)。
4. 工作总结与评价(1 学时)。

情景导入

1. 工作情景描述

三副在海图上绘制好始发港与目的港的航线后,必须把各转向点录入 GPS,方能实现船舶在大洋中的自动驾驶功能。船舶在航行中需实时显示船位,驾驶员应正确读取船舶所处位置并进行记录。

2. 学习导入

(1)安全作业、实训规范教育

(2)船舶定位方法的发展

推算定位:根据罗经指示航向、累计航程和风流资料,在不借助外界导航物标的条件下,从已知的推算起点开始,推算出具有一定精度的船舶航迹及某一时刻的船位。

陆标定位:观测陆标的方位和距离来确定船位。

天文定位:观测太阳、行星、恒星等天体来确定船位,或者观测天体的罗经方位并同时记下观测时间确定罗经差来确定船位。

陆基无线电导航定位系统定位:20 世纪 50 年代美国海军和海岸警卫队联合研制的罗兰 C(Loran-C)系统、苏联建设的恰卡(Chayka)定位系统以及我国在 20 世纪 90 年代建成的长河二号导航系统可用于确定船位。

卫星导航定位系统定位:美国全球定位系统 GPS、俄罗斯格洛纳斯(GLONASS)、中国北斗系统、欧洲伽利略(GALILEO),都可用于确定船位。

学习热身

●古野 GPS 操作手册(节选)

具体见下面彩图。

GPS
Global Positioning System
(全球定位系统)

型号:
GP-170

- 雷达、AIS、ECDIS、自动舵、测深仪和其他导航、通信设备理想的位置传感器
- 完全满足IMO MSC. 112 (73)和IEC 61108-1：GPS接收器的性能测试标准
- 高灵敏度的天线单元使得定位的稳定性和精确度得到增强

  GPS接收器整合了更强的噪声抑制功能，实现了抗干扰功能和对多路径抑制，高级耐受能力需要天线单元GPA-020S或者GPA-021S。

- 使用SBAS（基于卫星增强系统）和DGPS（需要可选的DGPS无线电信标接收器和天线单元GPA-021S）提高和增强精度
- 完全满足IMO MSC. 114 (73) 和 IEC 61108-4：DGPS无线电信标接收器性能测试标准
- 10 Hz位置更新率（每0.1S更新一次位置）实现稳定的本船位置跟踪
- 前面板配有USB接口

  航路数据、菜单设置、用户设置可以通过USB闪存输入输出。

用户在一个装置上设置的航路点、航路和其他数据都可以共享至另外一个装置，并用作备份。

- BAM（桥楼报警管理）预备

  满足IMO MSC.302(87)报警和内部互联的规范要求。

- 配备的网络接口完全满足新强制的以太网通信标准IEC 61162-450，可有效接入高效网络整合桥楼系统

  GP-170完全兼容轻型网络（IEC61162-450）。

- 5.7 in 的彩色LCD（640x480像素）显示数据
- 简易的操作菜单

  操作员可通过菜单树进行导航。按光标盘或点击数字键盘上对应菜单项的数字选择即可进入菜单。

- 增强航路计划和管理功能

  · 全范围的航行信息都会被整合到航路上；
  · 配合外部电脑可创建流线型的航路；
  · 可将航路信息传输到电子海图，增补航路监控的能力。

- 多个显示模式：标绘仪、航向、航路、数据和综合模式。

- Ⓐ 显示基本的位置信息，如：本船位置及其完整信息，时间等。此外还能标绘显示模式和通知图标。
- Ⓑ 此区域显示当前选择模式的具体信息。详情请参考每个显示模式的介绍。
- Ⓒ 显示当前可选功能的向导。在报警情况下，显示最紧急警报信息。

接线图

135

艇、渡轮和商船提供
定位系统

标绘仪

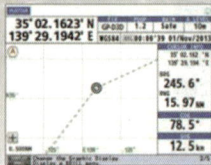

显示的信息：
- 简明的标绘仪显示
- 光标信息
- 右键菜单
- SOG/COG数据框

综合

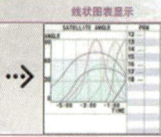

线状图表显示

线状图表显示过去六个小时的信噪比和卫星仰角信息

显示的信息：
- Skyplot显示当前可观察的卫星
- GNSS/SBAS 卫星信号接收状态；包括信号强度/信噪比信息（条状或线状图表）
- 有效卫星的高度角
- 信标站的详细信息

航路

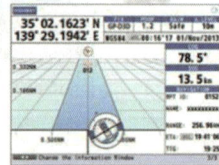

显示的信息：
- 航向信息
- SOG/COG数据框
- 用户预设的航线偏离限定值（XTE）
- 本船测量，显示本船的姿态，包括纵摇、横摇和起伏

航向

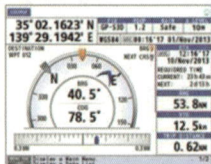

如果与自动舵相连

显示的信息：
- 以图表显示航向信息，包括当前航路、到目的地的方位、COG、XTE。
- 预计到达时间数据框，包括到达当前或下一航路点的规定时间和到达航路点的航程*
  *如果与自动舵相连，数据框会显示以下信息：自动舵状态数据框，包括模式、船首向、舵角及COG及SOG数据框
- 前往目的地的速度
- 航行距离数据

数据

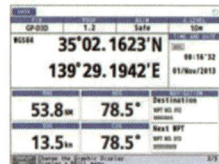

显示的信息：
- 可根据操作者的需要配置导航数据框

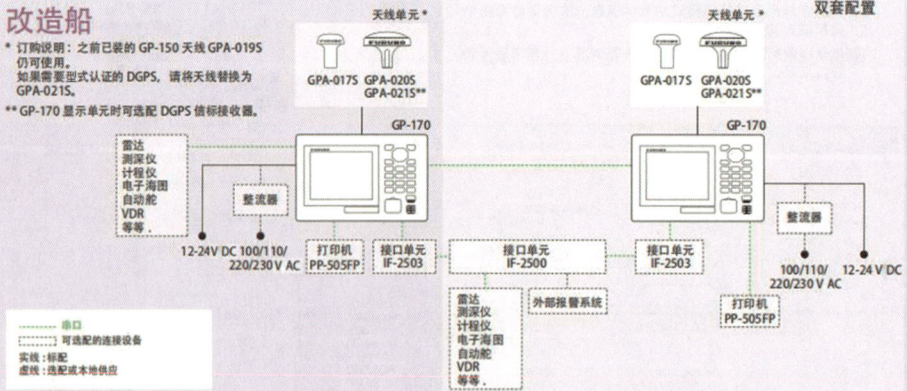

规格

产品名称

GPS导航器

接收器

频道数量	GPS	12 ch
	SBAS	2 ch
接收频率	GPS	1 575.42 MHz±1.023 MHz
追踪代码	GPS	C/A
	SBAS	C/A
精度*	GPS	不超过10 m (2 drms, HDOP<4)
	DGPS	不超过3 m (2 drms, HDOP<4)
	WAAS	不超过3 m (2 drms, HDOP<4)
	MSAS	不超过7 m (2 drms, HDOP<4)
追踪速度		1 000 kn
定位时间		冷启动90 s
位置更新率		每隔1 s (标准); 每隔0.1 s (最大)
信标接收器	频率范围	283.5～325.0 kHz
(可选内部配件)	MSK率	25、50、100、150、200 bps

* 根据电离层活动情况和多路径效应有所差异

显示单元

屏幕尺寸		5.7 in 彩色液晶显示器 (116.16 mm x 87.12 mm)
分辨率		640 (H) x 480 (V) 像素 (VGA)
亮度		700 cd/m²
显示模式		标绘仪, 航路, 航向, 数据, 综合
标绘仪模式	投射	投影
	存储容量	1 000个注释点, 每个点最多20个字符; 2 000个航路点; 100条航路 (每条航路包含1 000个航路点)
综合模式		GNSS, 图形, 信标
警告		差分定位中断, HDOP过度, 本船位置错误, 本船位置丢失, 信标信号丢失, 信标故障, 天线短路
提示		到达和锚位监测, XTE, 速度, 航程
完整显示		安全, 不安全, 警告

设备清单

标准	1. 显示单元	GP-170	1套
	2. 天线单元	GPA-017S	1套
		GPA-020S	1套
		GPA-021S*	1套
		(预定时指定)	
		* 当信标接收器装入显示单元时可选	
	3. 天线电缆	15 m/30 m/40 m/50 m可选	
	4. 安装材料和备件		
选配件	1. DGPS接收配件	OP20-42	
	2. 天线电缆	15 m/30 m/40 m/50 m	
	3. 网线	3m带防水接头 MOD-WPAS0001-030+	
	4. 嵌入式安装配件	OP20-40/41	
	5. 天线基座	NO. 13-QA330/NO. 13 QA310/NO. 13-RC5160	
	6. 接口单元	IF-2503	
	7. 整流器	PR-62, PR-240	

接口

端口		串口: 2个 (输入/输出), 1个 (输出) IEC 61162-1, 1个 (输入/输出) IEC 61162-2; 以太网: 1个; IEC 61162-450口; USB: 1个 (前面板)
输出	串口	AAM, ALC, ALF, ALR, APA, APB, ARC, BOD, BWC, BWR, BWW, DTM, GBS, GGA, GLL, GNS, GRS, GSA, GST, GSV, HBT, MSK*, MSS**, POS, RMB, RMC, Rnn, RTE, VDR, VTG, WCV, WNC, WNR, WPL, XTE, ZDA, RTCM sc104
		* 当内部或外部信标接收机使用时
		** 当内部信标接收机使用时
	以太网	AAM, ALC, ALF, ALR, APB, ARC, BOD, BWC, BWR, BWW, DTM, GBS, GGA, GLL, GNS, GRS, GSA, GST, GSV, HBT, POS, RMB, RMC, RTE, VDR, VTG, WCV, WNC, WPL, XTE, ZDA
输入	串口	ACK, ACN, CRQ, DBT, DPT, HBT, HDG, HDM, HDT, MSK, MSS, MTW, THS, TLL, VBW, VHW
	以太网	ACK, ACN, DBT, DPT, HBT, HDG, HDM, HDT, MTW, THS, TLL, VBW, VHW

运行环境

温度	显示单元:	-15 ℃ 到 +55 ℃
	天线单元:	-25 ℃ 到 +70 ℃
相对湿度		40 ℃时小于95%
防护等级	显示单元:	IP25
	天线单元:	IP56

供电

12-24 V DC

显示单元

GP-170 (包含一套选配的嵌入式安装配件)

2.2 kg 4.9 lb (不含DGPS信标接收器)
2.4 kg 5.29 lb (包含DGPS信标接收器)

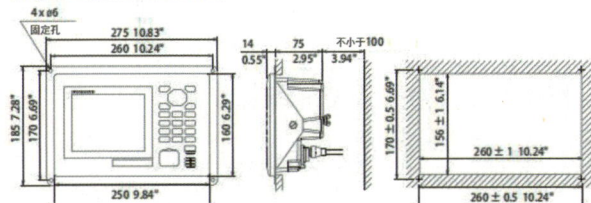

天线单元

GPA-017S (适用 GPS)
0.12 kg 0.26 lb

GPA-020S (适用 GPS)
0.32 kg 0.71 lb

GPA-021S (适用 DGPS)
0.52 kg 0.15 lb

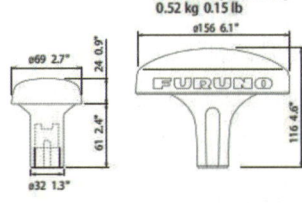

所有标记和产品名称均为已注册商标、商标或服务标识, 属厂家所有。
规格如有更改, 恕不另行通知。

FURUNO ELECTRIC CO., LTD.	FURUNO DANMARK A/S	FURUNO DEUTSCHLAND GmbH	FURUNO HELLAS S.A.	FURUNO KOREA CO., LTD.
Nishinomiya, Hyogo, Japan	Hvidovre, Denmark	Rellingen, Germany	Glyfada, Greece	Busan, Korea
www.furuno.com	www.furuno.dk	www.furuno.de	www.furuno.gr	FURUNO SINGAPORE PTE LTD
FURUNO U.S.A., INC.	FURUNO SVERIGE AB	FURUNO FRANCE S.A.S.	FURUNO (CYPRUS) LTD	Singapore
Camas, Washington, U.S.A.	Västra Frölunda, Sweden	Bordeaux-Mérignac, France	Limassol, Cyprus	www.furuno.sg
www.furunousa.com	www.furuno.se	www.furuno.fr	www.furuno.com.cy	
FURUNO (UK) LIMITED	FURUNO FINLAND OY	FURUNO ESPAÑA S.A.	FURUNO EURUS LLC	
Havant, Hampshire, U.K.	Espoo, Finland	Madrid, Spain	St. Petersburg, Russian Federation	
www.furuno.co.uk	www.furuno.fi	www.furuno.es		
FURUNO NORGE A/S	FURUNO POLSKA Sp. Z o.o.	FURUNO ITALIA S.r.l.	古野 (上海) 贸易有限公司	1505 Printed in China
Ålesund, Norway	Gdynia, Poland	Genoa, Italy	中国, 上海	Catalogue No. N-876b
www.furuno.no	www.furuno.pl		www.furuno.com/cn	

注: 详细使用说明请参照该型号使用说明书。

学习任务 一

认知卫星导航系统

学习目标

1. 能按照实训车间规程进行安全参观。
2. 能描述各卫星导航系统的名称（包括中文名称、英文名称、简称）、服务范围、所属国家和主要功能。
3. 能描述卫星导航系统的特点。
4. 能按卫星轨道高度描述卫星的分类。
5. 能通过参观体验产生浓厚的学习兴趣。

学习过程

一、实训安全作业教育

安全文明作业是船员应具备的基本素质之一,安全作业直接影响船员生命安全、船舶航行安全以及海洋环境安全。作为一名新船员,需培养良好的操作能力和养成文明的操作习惯,为具备良好船艺打下坚实基础。

1. 通过查阅资料或阅读实训车间操作规程,指出卫星导航系统操作注意事项。

_____

_____

_____

_____

2. 叙述船用卫星导航系统实训室安全用电应注意哪些事项。

_____

_____

二、卫星导航系统的认知

(一)全球各卫星导航系统简介

在 20 世纪 90 年代,绝大多数远洋船舶都使用陆基无线电导航系统——罗兰 C 导航系统。卫星导航系统是利用人造卫星进行导航的一种导航系统。目前世界上有以下四个全球卫星导航系统:GPS 卫星导航系统、GLONASS 卫星导航系统、北斗卫星导航系统、伽利略卫星导航系统;有以下两个区域卫星导航系统:准天顶卫星导航系统、印度区域卫星导航系统。通过查阅资料,说明表 7-1 中各卫星导航系统有何异同点。

表 7-1　各卫星导航系统列表

序号	名称	建设时间	卫星颗数
1	GPS	1972—1995	24
2	北斗	2000—2020	30
3	GLONASS	1978—1995	24
4	伽利略	1998—2020	30
5	INMARSAT (国际海事卫星组织)	1982—2008	3
6	准天顶卫星导航系统	2010—2017	4
7	IRNSS (印度区域卫星导航系统)	2012—2018	7

(二)查阅资料,完成表 7-2 空白内容

表 7-2　各卫星导航系统特征

序号	名称	所属国家	覆盖范围	主要功能
1	GPS			
2	北斗			
3	GLONASS			
4	伽利略			
5	INMARSAT			
6	准天顶卫星导航系统			
7	IRNSS			

三、了解卫星导航系统的特点

查阅资料,完成表7-3空白内容:

表7-3　各卫星导航系统的特点

特点	是(√)否(×)
卫星是否受地理、气象或其他条件限制和影响	
是否可按需要在各轨道配置	
是否只需少数几颗卫星就可覆盖全球	
卫星导航范围是否可从地面、水面、近地空间延伸到外层空间	
是否可进行全天候导航	
卫星导航仪是否能显示船舶经纬度船位和其他导航数据	
地面用户接收足够强的信号时,是否需要大功率的电消耗	
除定位功能外,是否还能提供导航、通信、识别、授时服务	
卫星导航系统是否能满足抗干扰性好、保密性强的要求	
卫星导航仪是否具有体积小、重量轻、操作简便的优点	
卫星导航系统是否地面工程庞大、设备昂贵、维修费用高	
卫星导航系统是否能为水下运载提供导航服务	
卫星导航系统是否容易受少数国家垄断和控制,而服务于所设国家的利益	

四、卫星运行轨道高度的认知

查阅资料,完成以下空白内容:

卫星按运行轨道高度分为:

1. 低轨卫星,轨道高度范围是＿＿＿＿＿＿＿＿＿＿＿＿＿＿。

2. 中轨卫星,轨道高度范围是＿＿＿＿＿＿＿＿＿＿＿＿＿＿。

3. 高轨卫星,轨道高度范围是＿＿＿＿＿＿＿＿＿＿＿＿＿＿。

静止卫星(同步卫星)的运行高度为＿＿＿＿＿＿;卫星运行周期为＿＿＿＿＿＿;轨道面的倾角为＿＿＿＿＿＿。按卫星运行轨道高度分类,它属于＿＿＿＿＿＿卫星。

五、现场参观认知

参观过程中应服从教师的安排和指挥,不得随意触碰各类仪器,不得大声喧哗、嬉戏打闹和随意拍照。

1. 记录参观过程中所看到的卫星导航系统。

(1)实训车间有哪几类卫星导航系统?

_____

(2)每类卫星导航系统的型号是什么？

_____

_____

(3)船用导航仪由哪几部分组成？

_____

_____

2. 查阅资料，完成以下空白内容：

(1)简述实训车间某一型号卫星导航系统的主要功能特点。

_____

_____

_____

(2)其各组成部分有何作用和功能？

_____

_____

_____

3. 参观时，留意本实训车间有哪些规章制度，请写出不易做到的规章制度。

_____

_____

_____

4. 参观结束后应完成哪些事项，方能离开实训车间？

_____

_____

_____

学习任务 二
认知GPS

学习目标

1. 能描述 GPS 卫星导航系统的地面站、导航卫星网的组成。
2. 能描述 GPS 卫星导航仪的组成部分。
3. 能描述 GPS 卫星导航仪的主要功能。
4. 能描述 GPS 卫星导航仪面板各按键的作用。

学习过程

一、认知 GPS 卫星导航系统的构成

GPS 卫星导航系统由导航卫星、地面站和用户设备(船用 GPS 卫星导航仪)三大部分组成。

(一)认知 GPS 导航卫星网

查阅资料,结合图 7-1 和表 7-4,完成以下空白内容:

1. GPS 卫星星座共有_____颗卫星,其中工作卫星_____颗,备用卫星_____颗,平均分布在_____个轨道平面。

2. GPS 所有卫星高度相同,为_____km,属于_____(低轨、中轨、高轨)卫星。

3. 同步卫星是_____,其高度是_____。

图 7-1　GPS 导航卫星网

表 7-4　卫星高度分类表

按照轨道高度大小分类		按照轨道倾角大小分类	
项目	轨道高度范围	项目	轨道倾角大小
高轨卫星	20 000 km 以上	赤道轨道	轨道倾角为 0°,卫星轨道平面与地球赤道平面重合
中轨卫星	2 000~20 000 km	极地轨道	轨道倾角为 90°,卫星轨道平面与地球赤道平面垂直,卫星飞跃南北两极上空
低轨卫星	200~2 000 km	倾斜轨道	轨道倾角既不是 0°,也不是 90°

(二) 认知 GPS 地面站

GPS 地面站由_____、_____、_____三个部分组成。

1. 主控站有_____个,设置在(国家)_____,作用是:_____

_____。

2. 监控站有_____个,作用是:_____

_____。

3. 注入站的作用是:_____。

(三) 认知 GPS 卫星导航仪

1. 观察 GPS 卫星导航仪,查阅资料,完成以下空白内容:

（1）GPS 卫星导航仪由_____ 、_____ 、_____组成。

（2）接收天线的形状为_____。

2. 认知 GPS 卫星导航仪主机面板(见图 7-2)和显示面板(见图 7-3)

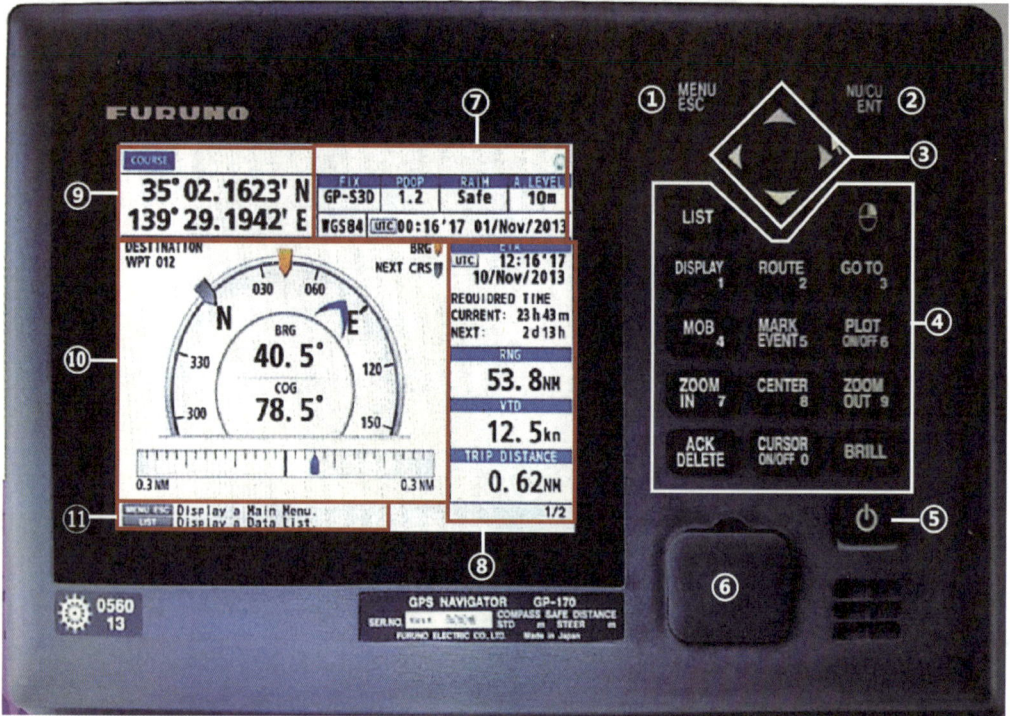

图 7-2　GPS 卫星导航仪主机面板

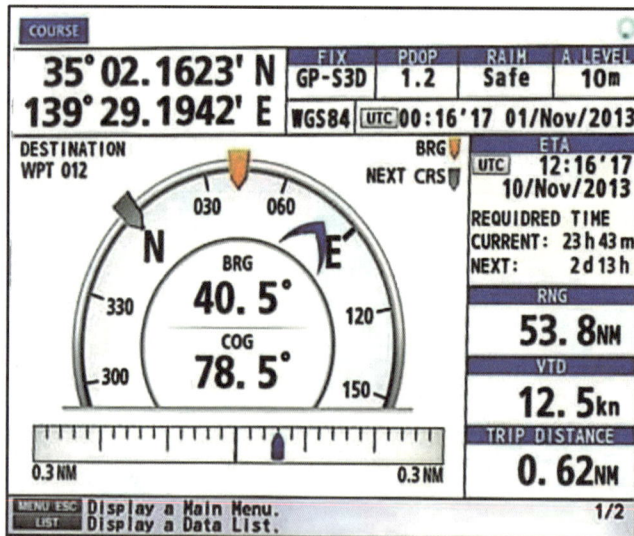

图 7-3　GPS 卫星导航仪显示面板

对照 GPS 说明书和图 7-4,完成以下空白内容:

图 7-4　GPS 卫星导航仪部分功能键

(1)图 7-4 中【1】键的作用:

_____

(2)图 7-4 中【2】键的作用:

_____

(3)图 7-4 中【3】键的作用:

_____

(4)图 7-4 中【4】键的作用:

_____

(5)图 7-4 中【5】键的作用:

_____

(6)图 7-4 中【6】键的作用:

_____

(7)图 7-4 中【7】键的作用:

_____

(8)图 7-4 中【8】键的作用:

_____

(9)图 7-4 中【9】键的作用:

_____

(10)图 7-4 中【0】键的作用:

_____

(11)图 7-4 中【LIST】键的作用:

_____

（12）图 7-4 中【DISPLAY】键的作用：

_____

（13）图 7-4 中【ROUTE】键的作用：

_____

（14）图 7-4 中【GO TO】键的作用：

_____

（15）图 7-4 中【MOB】键的作用：

_____

（16）图 7-4 中【MARK EVENT】键的作用：

_____

（17）图 7-4 中【PLOT ON/OFF】键的作用：

_____

（18）图 7-4 中【ZOOM IN】键的作用：

_____

（19）图 7-4 中【CENTER】键的作用：

_____

（20）图 7-4 中【ZOOM OUT】键的作用：

_____

（21）图 7-4 中【ACK DELETE】键的作用：

_____

（22）图 7-4 中【CURSOR ON/OFF】键的作用：

_____

（23）图 7-4 中【BRILL】键的作用：

_____

（24）图 7-2 中⑦（可参考图 7-3）显示的内容是：

_____

_____

_____

（25）图 7-2 中⑧（可参考图 7-3）显示的内容是：

_____

_____

_____

(26) 图 7-2 中⑨(可参考图 7-3)显示的内容是:

_____

_____

_____

(27) 图 7-2 中⑩(可参考图 7-3)显示的内容是:

_____

_____

_____

_____

(28) 图 7-2 中⑪(可参考图 7-3)显示的内容是:

_____

_____

_____

_____

学习任务 三

GPS的操作

学习目标

1. 能熟练冷启动 GPS。
2. 能使用 GPS 进行定位、导航、航线设置、标记和警报。
3. 能设置 GPS 菜单。
4. 能对 GPS 进行维护和简单故障排除。

学习过程

对照工作页,查阅资料,阅读 GPS 说明书,完成以下任务:

一、启动 GPS 导航仪

(一)GPS 冷启动

1. 何种情形需要冷启动

(1)_____

(2)_____

(3)_____

2. 冷启动步骤

(1)初始化输入:输入推算船位经纬度、时间、天线高度、HDOP 数据。
(2)搜索卫星:重新收集历书,约 30 min 后,才开始自动定位。

(二)GPS 热启动

1. 何种情形需要热启动

(1)＿＿＿＿＿＿＿＿＿＿＿＿＿＿＿＿＿＿＿＿＿＿＿＿＿＿＿＿

(2)＿＿＿＿＿＿＿＿＿＿＿＿＿＿＿＿＿＿＿＿＿＿＿＿＿＿＿＿

(3)＿＿＿＿＿＿＿＿＿＿＿＿＿＿＿＿＿＿＿＿＿＿＿＿＿＿＿＿

2. 热启动步骤

不需要向导航仪输入初始数据。接通电源后,最多不超过 20 min 就可以自动定位。

(三)GPS 日常启动

1. 何种情形需要日常启动

(1)＿＿＿＿＿＿＿＿＿＿＿＿＿＿＿＿＿＿＿＿＿＿＿＿＿＿＿＿

(2)＿＿＿＿＿＿＿＿＿＿＿＿＿＿＿＿＿＿＿＿＿＿＿＿＿＿＿＿

(3)＿＿＿＿＿＿＿＿＿＿＿＿＿＿＿＿＿＿＿＿＿＿＿＿＿＿＿＿

2. 日常启动步骤

日常启动不需要初始化输入,是 GPS 导航仪通常的开机方式,开机后马上就可以自动定位。

二、航迹操作

(一)放大、缩小显示方式;
(二)显示方向选择;
(三)移动显示屏幕;
(四)居中本船位置;
(五)停止、开始航迹的测绘和记录;
(六)清除航迹;
(七)选择航迹测绘时间间隔;
(八)分配储存器;
(九)选择方位参考。

三、标记操作

(一)输入、清除标记;

（二）选择标记形状；

（三）连接标记；

（四）输入标记事件；

（五）选择事件标记形状；

（六）输入 MOB 标记。

四、导航计划操作

（一）输入、编辑、删除航路点；

（二）录入航线；

（三）删除、替换航线航路点；

（四）删除航线。

五、启航操作

（一）设置、取消目的地；

（二）清除航线航路点；

（三）查找两点之间的距离和方位。

六、警报操作

（一）抵达警报、锚位监视警报；

（二）航迹偏差警报；

（三）航速、航程警报；

（四）水温警报；

（五）深度警报；

（六）DGPS 警报。

七、菜单设置

（一）选择测量单位；

（二）标记、字符的大小与亮度设置；

（三）导航器连接设置；

（四）接收个人计算机数据；

（五）WAAS、DGPS 设置；

（六）显示 GPS 监视器显示屏。

八、维护与故障排除

（一）预防性维护；

（二）清空储存器；

（三）错误消息识读及消除；

（四）故障排除；

（五）诊断测试。

九、GPS 在内河船舶上的应用

（一）实时显示船舶位置，并将本船位置显示在电子江图上。特别是在宽阔水面，船员可实时查看本船船位。

（二）为船舶授时。

学习任务 四
工作总结与评价

学习目标

1.能结合自身任务完成情况,正确规范撰写工作总结。

2.能按分组情况,分别派代表叙述本小组的工作成果,说明本次任务完成情况,并进行分析总结。

3.能就本次任务中出现的问题,提出整改措施。

4.能对本次工作进行反思,并能与他人交流,总结工作经验。

学习过程

一、个人自评

二、小组评价

三、教师总结

(一)对各组完成任务的优点进行评价。

(二)找出各组完成任务的缺点,提出改进方案。

(三)对整个任务完成的优点和缺点进行点评。

四、评价与分析表

表 7-5 评价与分析表

班级_____ 组别_____ 组长_____

小组成员_____

项目	个人自评(10%)			小组评价(20%)			教师总结(70%)		
	9~10	6~8	1~5	9~10	6~8	1~5	9~10	6~8	1~5
学习任务一									
学习任务二									
学习任务三									
安全文明									
规范操作									
协作精神									
纪律观念									
工作态度									
学习主动性									
工作页完成质量									
小计									
总评									

项目八

船用北斗及其操作

学习目标

1.能叙述北斗系统导航卫星、地面站、用户设备的组成。

2.能叙述交通运输部水运科学研究所多功能北斗船载智能终端导航系统的功能和特点。

3.能通过查阅交通运输部水运科学研究所多功能北斗船载智能终端导航系统说明书,明确该导航仪面板主要按键的名称及作用。

4.能使用交通运输部水运科学研究所多功能北斗船载智能终端导航系统的电子江图、AIS、通航服务、过闸安检、航务管理、消息管理、系统设置、船舶列表、VDR 等功能。

5.通过查阅新诺 XN60BD 说明书,能使用该系统的定位服务、航迹操作、导航数据操作、导航操作、标绘数据操作、AIS 操作等功能。

6.能主动获取有效信息,展示学习成果,及时对学习和工作进行反思,并与他人合作共享,沟通总结经验。

建议学时

12 学时。

工作流程与活动

1.认知北斗卫星导航系统(2 学时)。

2.交通运输部水运科学研究所多功能北斗船载智能终端导航系统的基本操作(6 学时)。

3. 新诺 XN60BD 导航系统的基本操作(3 学时)。

4. 工作总结与评价(1 学时)。

情景导入

1. 工作情景描述

我船晚上八点由城陵矶 3 号锚地驶入东洞庭湖,由于天气原因,不能完全借助航标确定船位。为实时准确关注船位,保障船舶航行安全,顺利到达目的港,请值班船员识读北斗卫星导航系统,实时关注船位,确保船舶落位。

2. 学习导入

1994 年,美国完全建成了 GPS(全球定位系统),自此整个世界的运转都与美国进行了深度的捆绑,没有任何一个国家能够离得开美国的全球定位授时服务。这是美国独一无二能力的全球展现,当时的美国的确是一个超级大国,也的确有掌控全球的能力。在当时,如果失去了美国 GPS 的技术支撑,很多高技术装备都将陷入混乱。

GPS 在精密工程及测量和变形监测、交通系统、地球动力学、气象学、军事、农业、野生动物保护、突发事件等众多领域得到广泛应用,在未建成北斗系统前,我国众多关键领域都受制于 GPS。这对我国来说是极其危险的,因此,中国有必要建立自己的全球定位系统。

学习热身

● 北斗终端用户使用手册(节选)

一、主页功能区介绍

开机或者点击功能球按钮,进入主页功能区,如图 8-1 所示。主页功能区包括:电子江图、通航服务、过闸安检、船务管理、消息管理、系统设置、船舶列表等若干功能。除此之外,还包括功能浮动按钮。

电子江图:为船方提供航道局电子江图及 AIS 相关功能。

通航服务:为船方提供北斗申报、通航信息、过坝进度等相关功能。

过闸安检:为船方提供过闸安检服务,包括每日例行安检、互动安检、开航前安检等功能。

船务管理:为船方提供船务管理相关功能。

消息管理:为船方提供消息管理服务,可查看历史信息,包括通航信息、AIS 信息、安检信息等。

系统设置:提供系统设置相关功能。

船舶列表:提供 AIS 周边船位查看功能。

（a）

（b）

图 8-1　主页功能区

二、电子江图功能

电子江图为船方提供了实时在线电子江图通航辅助功能,总体包括状态区、设置按钮、江图图层区、缩放归位工具栏区、卫星信号组件等部分,如图8-2所示。

状态区:显示船舶北斗经度、纬度、航向、航速等航行信息,以及所连接定位终端如北斗、AIS的信息。

设置按钮:江图的相关参数的设置项目。

图8-2 电子江图(一)

图8-2 电子江图(二)

江图图层:包括陆图图层、长江电子航道图图层(在线版)、动态航标图层(在线版)、水深数据图层等。

缩放归位工具栏:电子江图缩放及归位。

卫星信号组件:显示北斗接收到的信号信息。

三、进入远程申报功能

远程申报流程如图 8-3 所示。

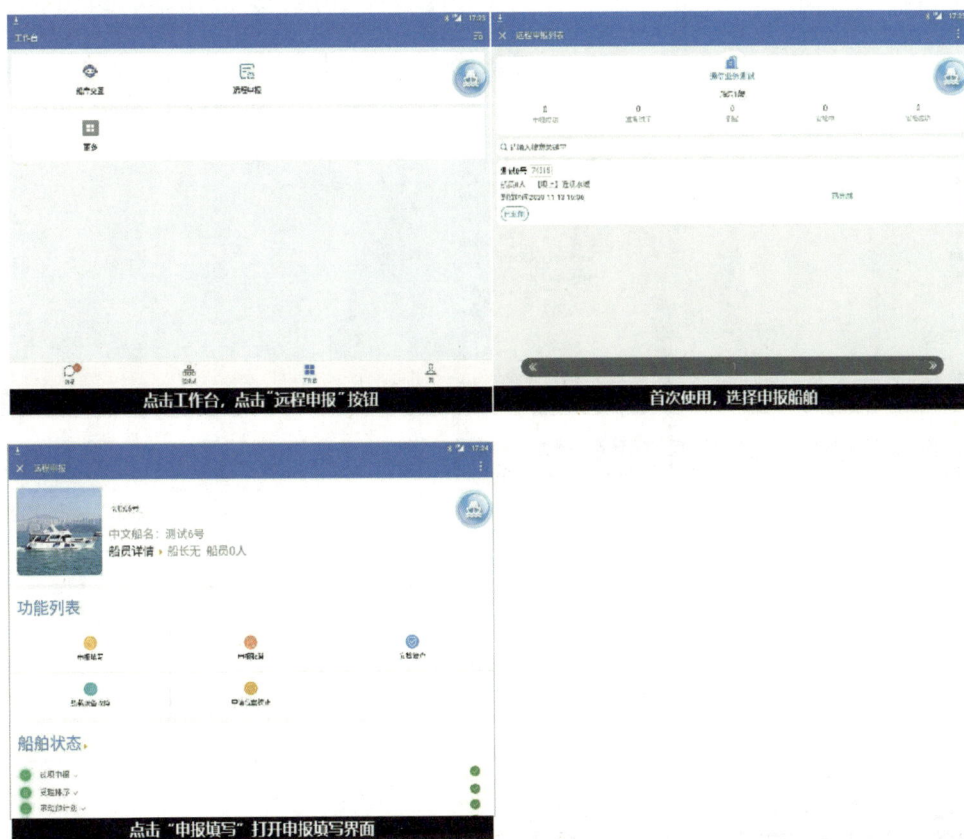

图 8-3 远程申报流程

四、填写申报信息

申报信息的填写流程如图 8-4 所示。

图 8-4　填写申报信息(一)

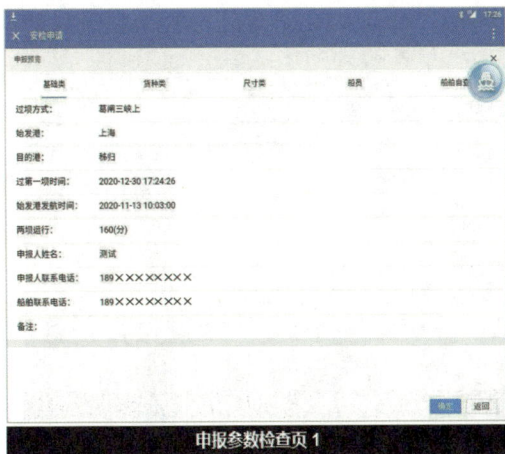

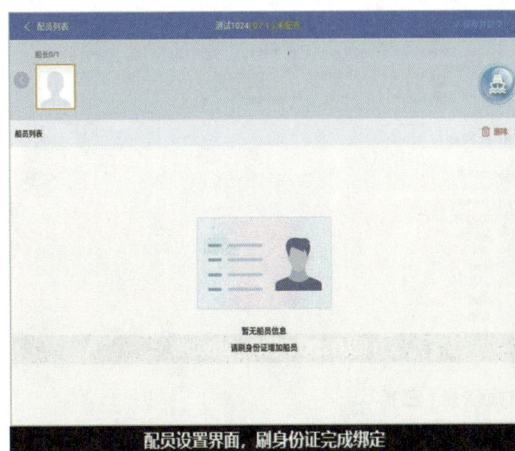

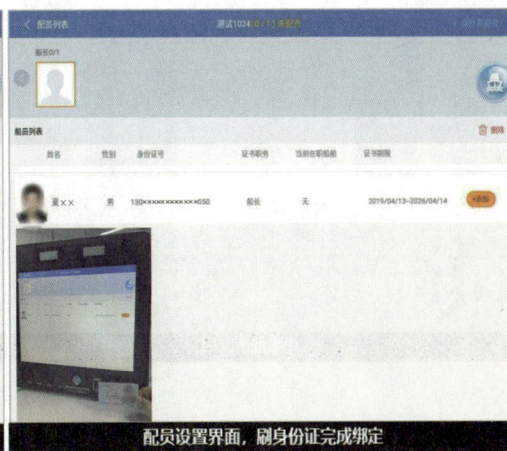

图 8-4　填写申报信息(二)

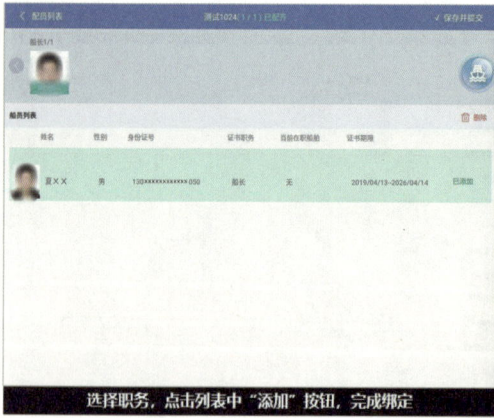

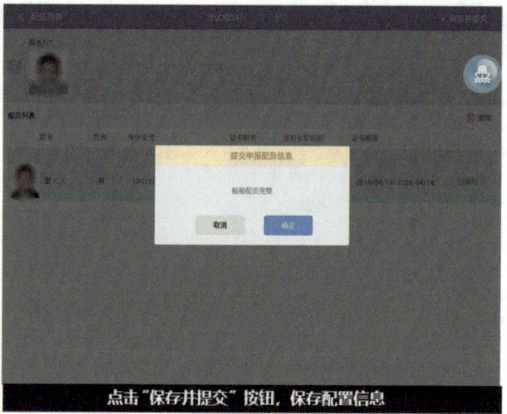

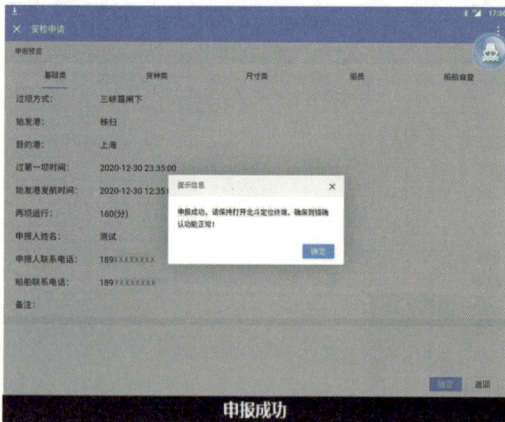

图 8-4　填写申报信息(三)

五、申报成功等待抛锚

申报成功后会收到到锚提示消息,如图 8-5 所示;此时,船舶状态变为"受理排序",如图 8-6 所示。

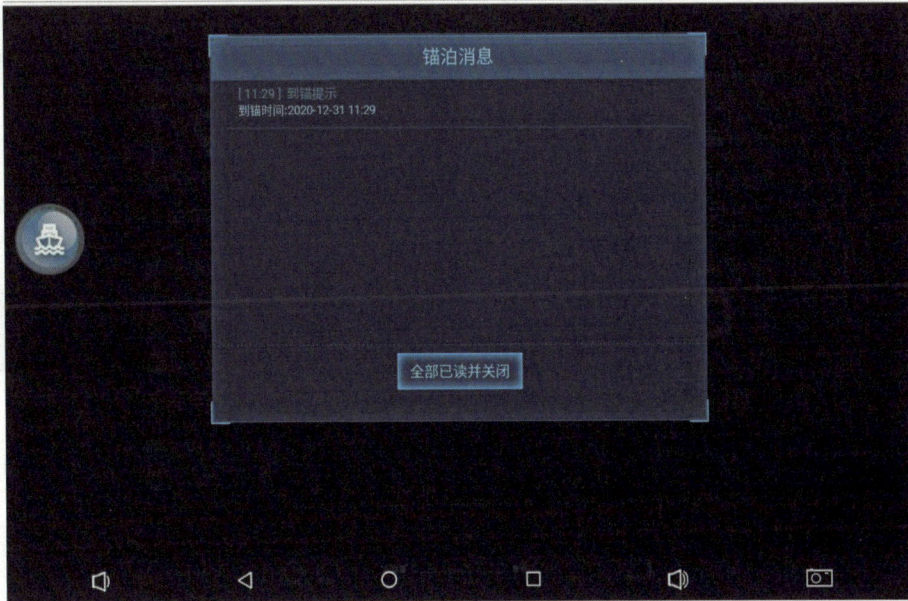

图 8-5　到锚确认消息

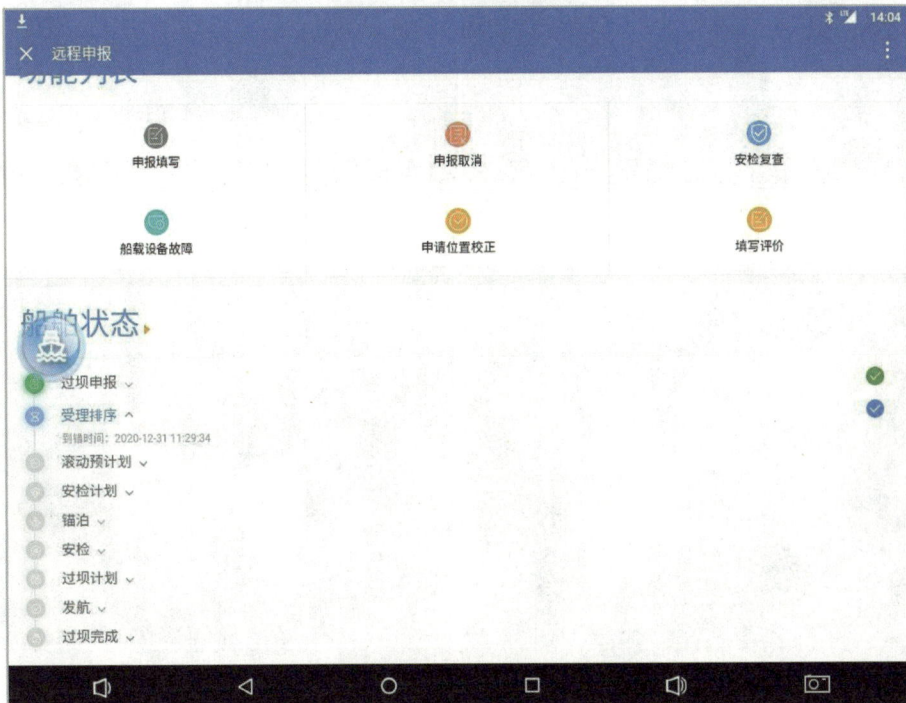

图 8-6　船舶状态变为"受理排序"

六、远程安检过程

远程安检的详细过程如图 8-7 所示。

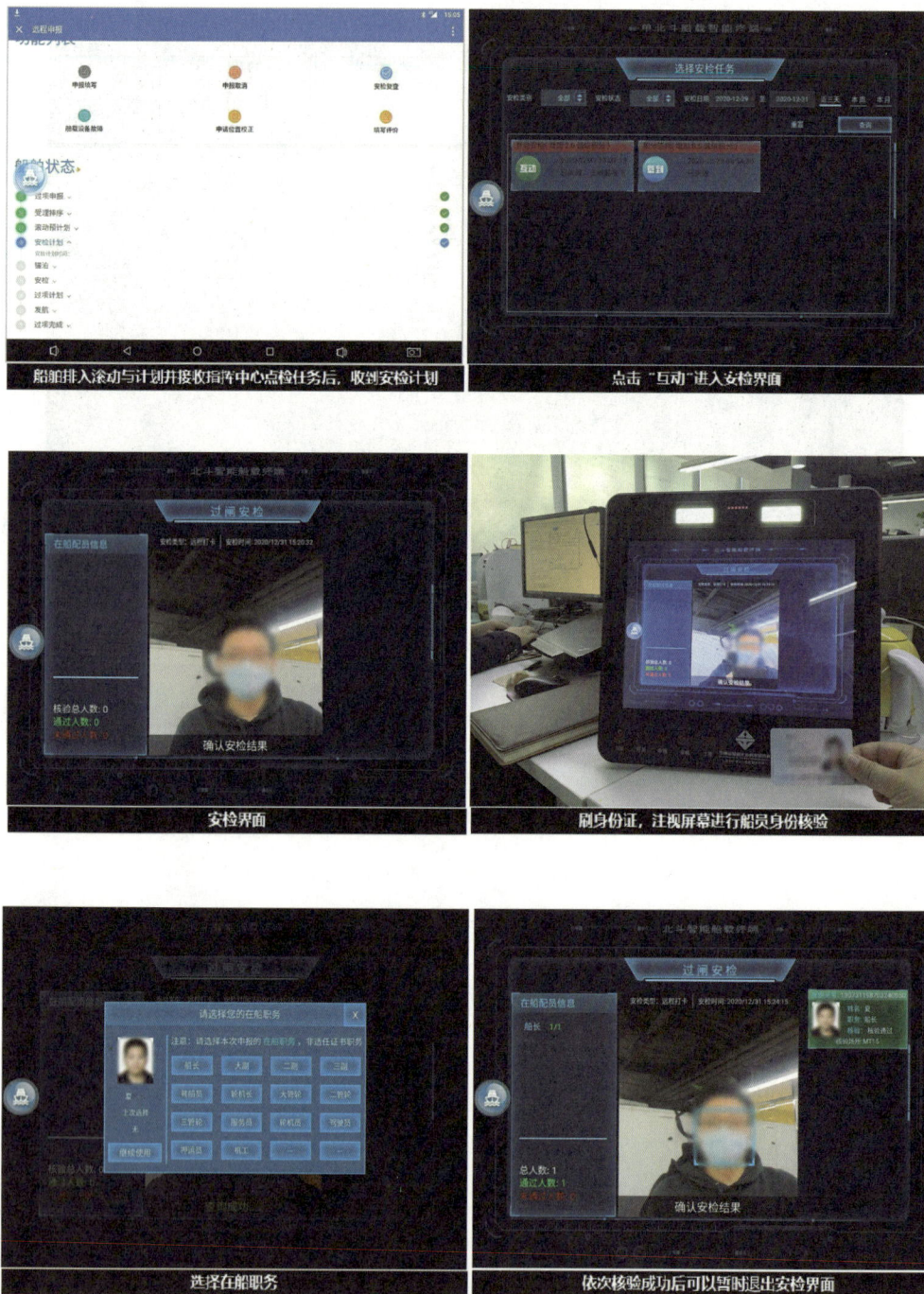

图 8-7　远程安检

七、其他功能

北斗还有如图 8-8 所示的其他几项功能。

全局弹框（互动式）：滚动与计划、过坝计划的接收

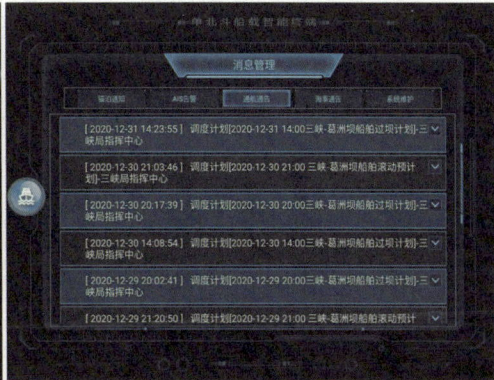

通航公告：可以看到通航公告（调度计划、预计划等）

功能球"短信"可以发送 AIS 短信、网络短信至其他北斗终端

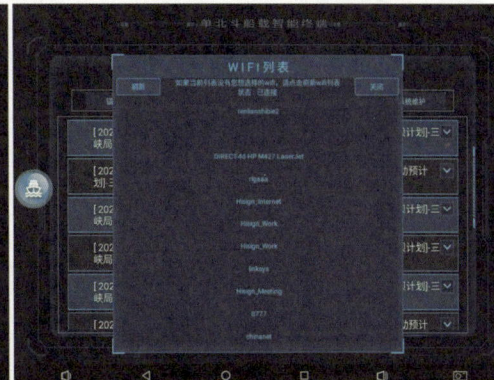

设备可连接于机热点临时上网，点击功能球"WI-FI"按钮

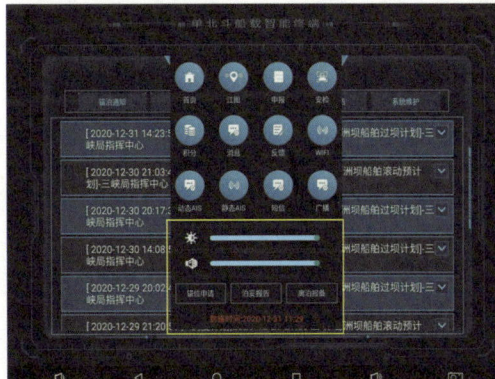

亮度调节、音量调节、锚位申请功能

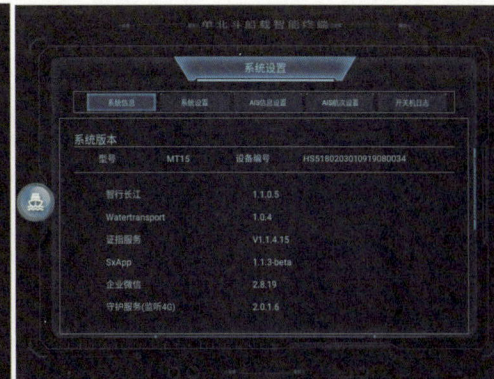

设置界面-系统信息

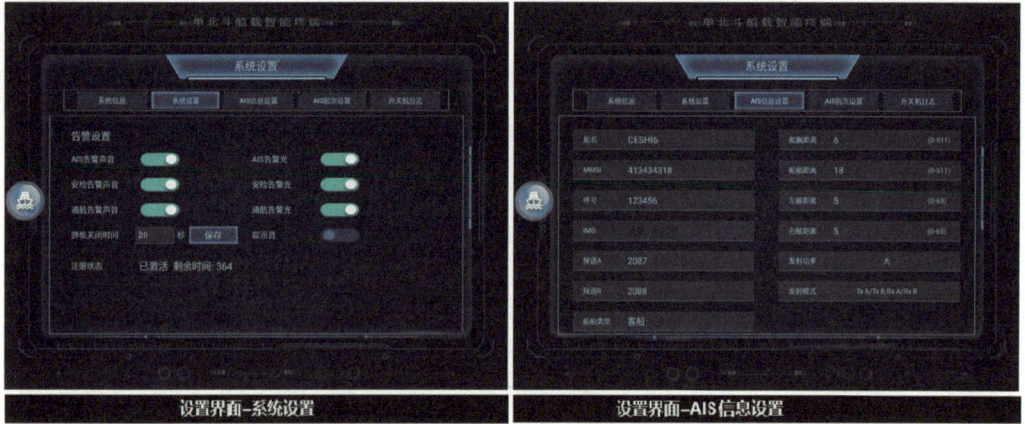

图 8-8　北斗其他功能

学习任务 ① 认知北斗卫星导航系统

学习目标

1. 能描述北斗卫星导航系统的地面站、导航卫星网的组成。
2. 能描述北斗卫星导航系统的功能和特点。
3. 能描述北斗导航仪面板各按键的作用。
4. 能通过参观体验产生浓厚的学习兴趣。

学习过程

一、认知北斗卫星导航系统的发展历程

查阅资料,完成以下空白内容:

20世纪后期,中国开始探索适合本国国情的卫星导航系统发展道路,逐步形成了三步走发展战略:

_____年年底,建成北斗一号系统,向中国提供服务;

_____年年底,建成北斗二号系统,向亚太地区提供服务;

_____年,建成北斗三号系统,向全球提供服务。

远景目标:2035年前,还将建设完善更加泛在、更加融合、更加智能的综合时空体系。

二、北斗卫星导航系统的组成

(一) 空间段

识别图8-9,查阅资料,北斗卫星导航系统空间段卫星轨道有_____、_____、_____三种。

备注:

1. CZ-3A代表发射火箭为长征3A型;CZ-3B代表发射火箭为长征3B型;CZ-3C代表发射火箭为长征3C型。

2. GEO代表地球同步轨道卫星;IGSO代表倾斜地球同步轨道卫星;MEO代表中圆地球

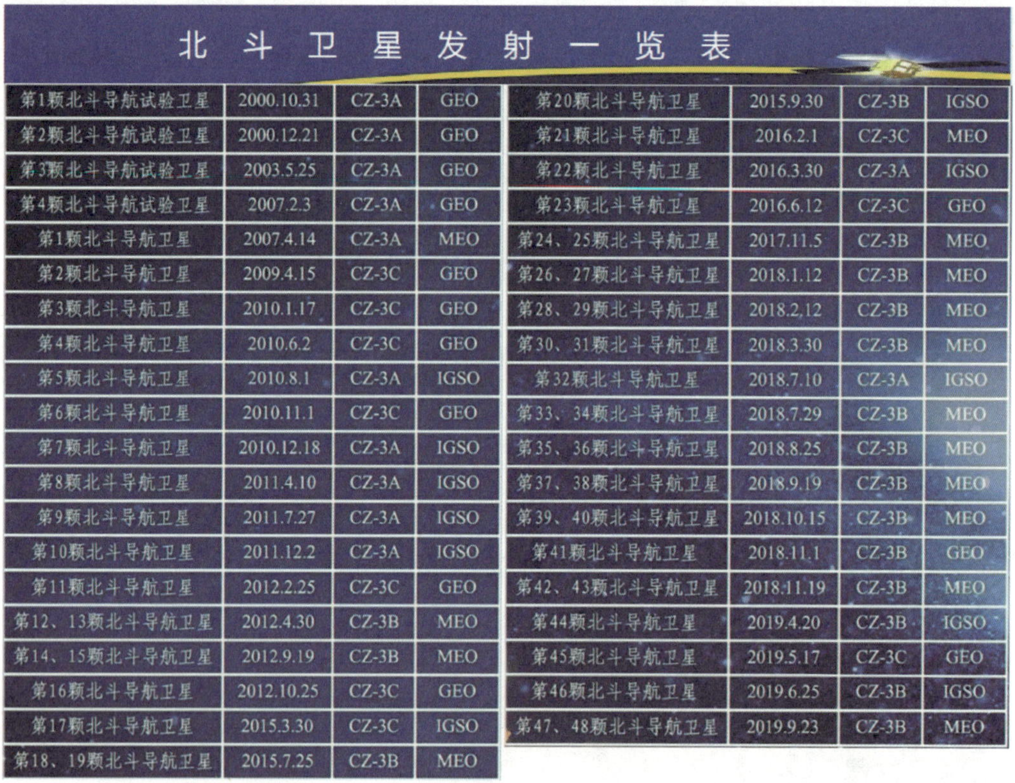

北斗卫星发射一览表

第1颗北斗导航试验卫星	2000.10.31	CZ-3A	GEO
第2颗北斗导航试验卫星	2000.12.21	CZ-3A	GEO
第3颗北斗导航试验卫星	2003.5.25	CZ-3A	GEO
第4颗北斗导航试验卫星	2007.2.3	CZ-3A	GEO
第1颗北斗导航卫星	2007.4.14	CZ-3A	MEO
第2颗北斗导航卫星	2009.4.15	CZ-3C	GEO
第3颗北斗导航卫星	2010.1.17	CZ-3C	GEO
第4颗北斗导航卫星	2010.6.2	CZ-3C	GEO
第5颗北斗导航卫星	2010.8.1	CZ-3A	IGSO
第6颗北斗导航卫星	2010.11.1	CZ-3C	GEO
第7颗北斗导航卫星	2010.12.18	CZ-3A	IGSO
第8颗北斗导航卫星	2011.4.10	CZ-3A	IGSO
第9颗北斗导航卫星	2011.7.27	CZ-3A	IGSO
第10颗北斗导航卫星	2011.12.2	CZ-3A	IGSO
第11颗北斗导航卫星	2012.2.25	CZ-3C	GEO
第12、13颗北斗导航卫星	2012.4.30	CZ-3B	MEO
第14、15颗北斗导航卫星	2012.9.19	CZ-3B	MEO
第16颗北斗导航卫星	2012.10.25	CZ-3C	GEO
第17颗北斗导航卫星	2015.3.30	CZ-3C	IGSO
第18、19颗北斗导航卫星	2015.7.25	CZ-3B	MEO
第20颗北斗导航卫星	2015.9.30	CZ-3B	IGSO
第21颗北斗导航卫星	2016.2.1	CZ-3C	MEO
第22颗北斗导航卫星	2016.3.30	CZ-3A	IGSO
第23颗北斗导航卫星	2016.6.12	CZ-3C	GEO
第24、25颗北斗导航卫星	2017.11.5	CZ-3B	MEO
第26、27颗北斗导航卫星	2018.1.12	CZ-3B	MEO
第28、29颗北斗导航卫星	2018.2.12	CZ-3B	MEO
第30、31颗北斗导航卫星	2018.3.30	CZ-3B	MEO
第32颗北斗导航卫星	2018.7.10	CZ-3A	IGSO
第33、34颗北斗导航卫星	2018.7.29	CZ-3B	MEO
第35、36颗北斗导航卫星	2018.8.25	CZ-3B	MEO
第37、38颗北斗导航卫星	2018.9.19	CZ-3B	MEO
第39、40颗北斗导航卫星	2018.10.15	CZ-3B	MEO
第41颗北斗导航卫星	2018.11.1	CZ-3B	GEO
第42、43颗北斗导航卫星	2018.11.19	CZ-3B	MEO
第44颗北斗导航卫星	2019.4.20	CZ-3B	IGSO
第45颗北斗导航卫星	2019.5.17	CZ-3C	GEO
第46颗北斗导航卫星	2019.6.25	CZ-3B	IGSO
第47、48颗北斗导航卫星	2019.9.23	CZ-3B	MEO

图 8-9　北斗卫星导航系统空间段的组成

轨道卫星，如图 8-10 所示。

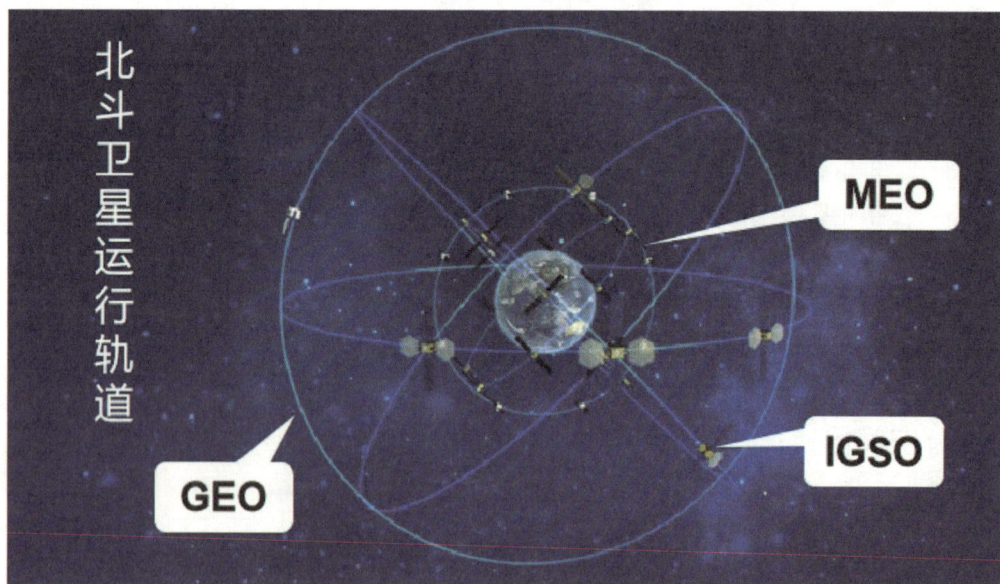

图 8-10　北斗卫星导航系统卫星轨道

（二）地面段

北斗卫星导航系统地面段包括主控站、时间同步/注入站和监测站等若干地面站，以及星间链路运行管理设施。

（三）用户段

北斗卫星导航系统用户段包括北斗兼容其他卫星导航系统的芯片、模块、天线等基础产品，以及终端产品（见图8-11）、应用系统。

图 8-11 北斗卫星导航系统用户终端

三、认知北斗卫星导航系统的功能

查阅资料，识读图8-12，结合实训设备，写出北斗卫星导航系统的功能及用途：

1. _____

_____

2. _____

_____

3. _____

_____

4. _____

_____

5. _____

_____

6. _____

_____

7. _____

_____

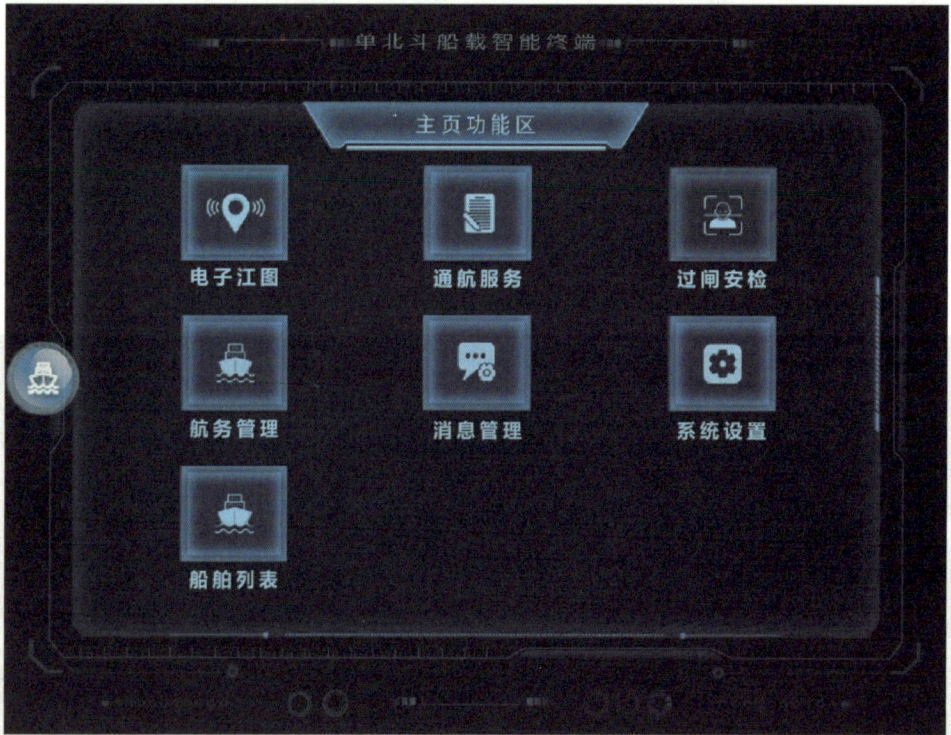

图 8-12　北斗卫星导航系统的功能

四、认知北斗卫星导航系统各功能键

查阅资料,阅读说明书,写出图 8-13 中各功能键的作用:

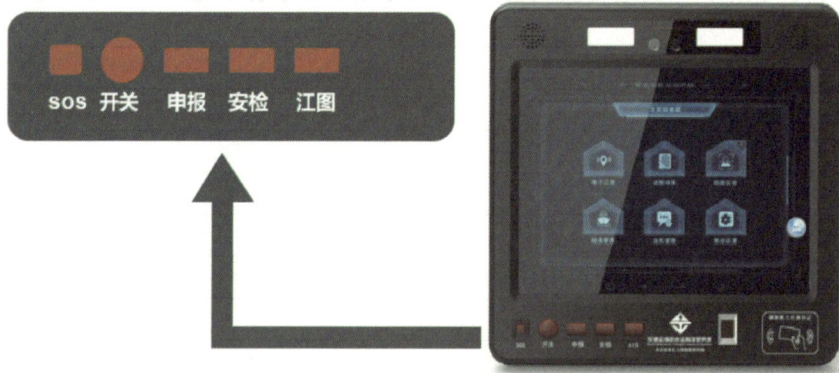

图 8-13　北斗卫星导航系统各功能键

SOS:_____

_____

开关:_____

_____

申报:＿＿＿＿＿＿＿＿＿＿＿＿＿＿＿＿＿＿＿＿＿＿＿＿＿＿＿＿＿＿＿＿＿＿

＿＿＿＿＿＿＿＿＿＿＿＿＿＿＿＿＿＿＿＿＿＿＿＿＿＿＿＿＿＿＿＿＿＿＿＿＿

安检:＿＿＿＿＿＿＿＿＿＿＿＿＿＿＿＿＿＿＿＿＿＿＿＿＿＿＿＿＿＿＿＿＿＿

＿＿＿＿＿＿＿＿＿＿＿＿＿＿＿＿＿＿＿＿＿＿＿＿＿＿＿＿＿＿＿＿＿＿＿＿＿

江图:＿＿＿＿＿＿＿＿＿＿＿＿＿＿＿＿＿＿＿＿＿＿＿＿＿＿＿＿＿＿＿＿＿＿

＿＿＿＿＿＿＿＿＿＿＿＿＿＿＿＿＿＿＿＿＿＿＿＿＿＿＿＿＿＿＿＿＿＿＿＿＿

学习任务 二
交通运输部水运科学研究所多功能北斗船载智能终端导航系统的使用

学习目标

1. 能使用电子江图及 AIS 相关功能。
2. 能使用多功能北斗船载智能终端导航系统进行各项申报。
3. 能对多功能北斗船载智能终端导航系统进行正确设置。
4. 会查看各项航行通告。

学习过程

一、北斗电子江图功能的使用

(一)阅读操作说明,对多功能北斗船载智能终端导航系统调制电子江图界面

(二)电子江图界面(见图 8-14)信息的识读与操作

1. 查看航道情况:_____

_____

2. 写出本船位置信息:_____

_____

3. 查看本船周围船舶动态:_____

_____

4. 对电子江图进行缩放操作:_____

_____

5. 归位操作:_____

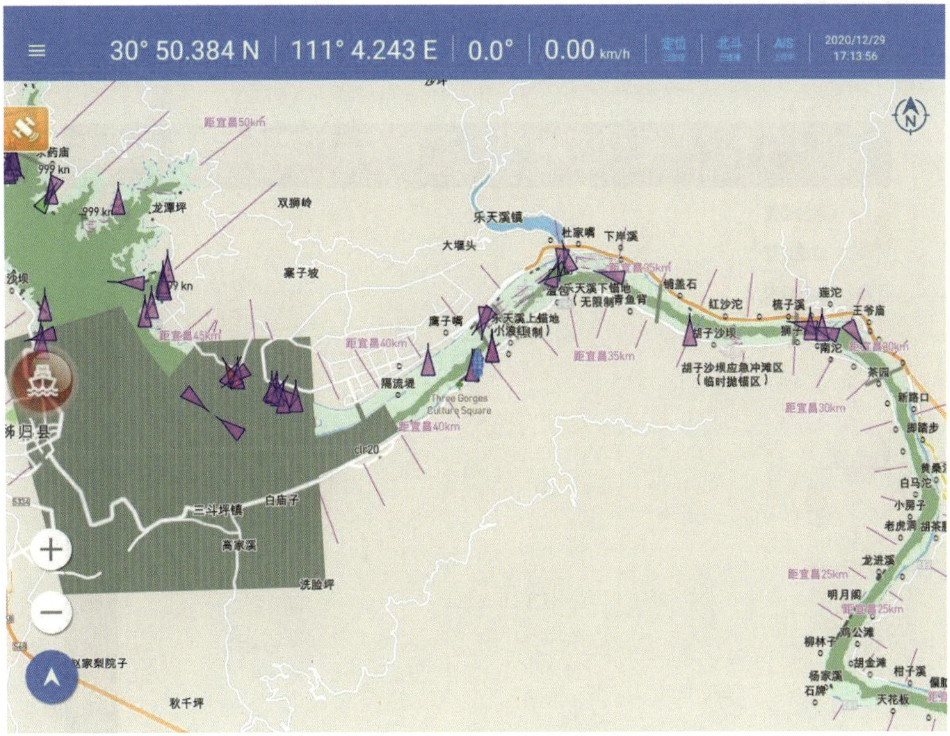

图 8-14 北斗电子江图界面

6. 查阅北斗接收到的信号信息：_____

_____

7. 江图图层显示选择：_____

_____

8. 电子江图系统设置（见图 8-15）：_____

_____

二、船舶监控设置（见图 8-16）

1. 船舶吃水报警设置：_____

_____

2. 船舶最近会遇距离和最短会遇时间设置：_____

_____

3. 礁石扇形区域设置：_____

_____

4.区域监控设置:＿＿＿

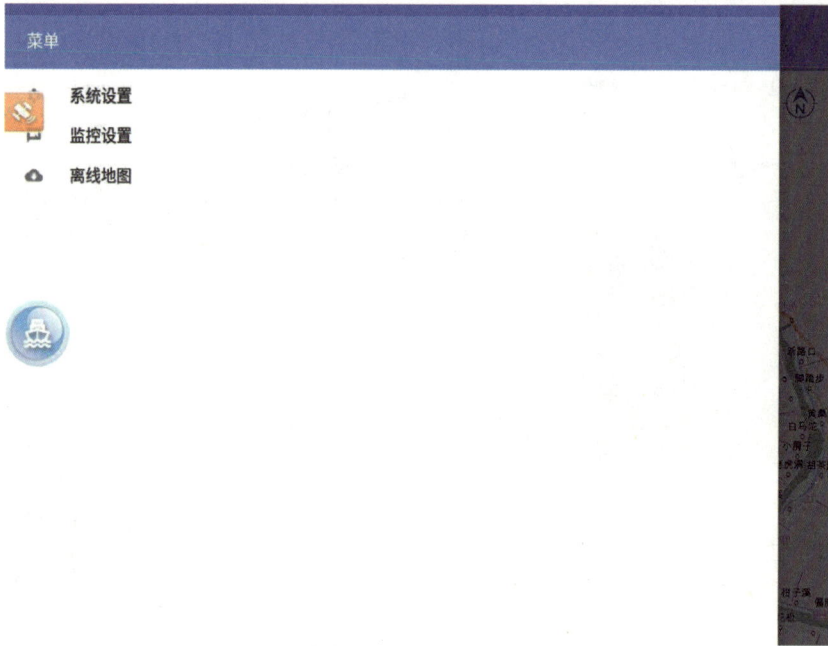

图 8-15　北斗电子江图系统设置

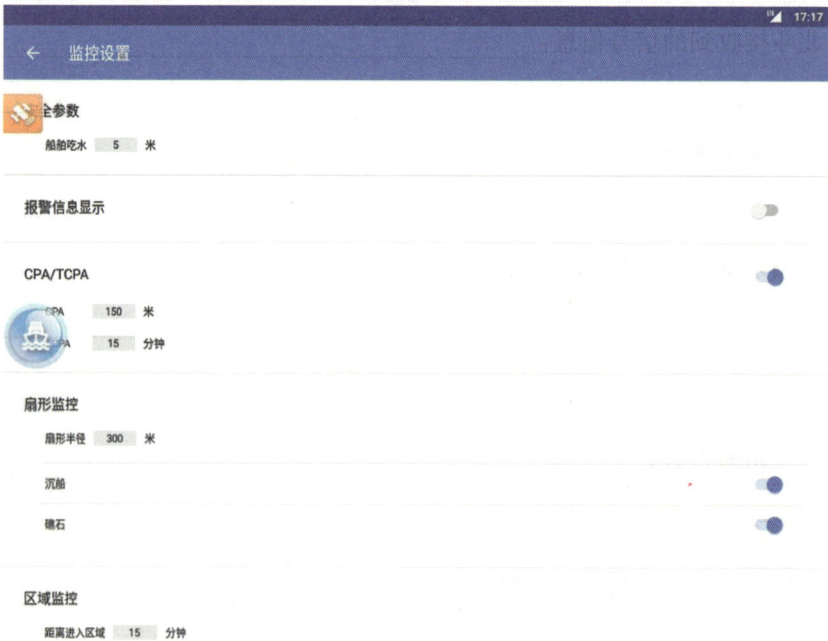

图 8-16　北斗船舶监控设置

三、登录申报功能操作

登录申报功能操作仅适用于首次操作。

第一步：点击面板"通航服务"按钮进入申报功能（基于三峡局企业微信实现本申报功能）。打开功能球，点击"申报"按钮（或者从主页面点击"通航服务"按钮），进入远程申报功能（现版本的申报功能基于三峡局企业微信实现，相关功能使用方式如图 8-17 所示）。

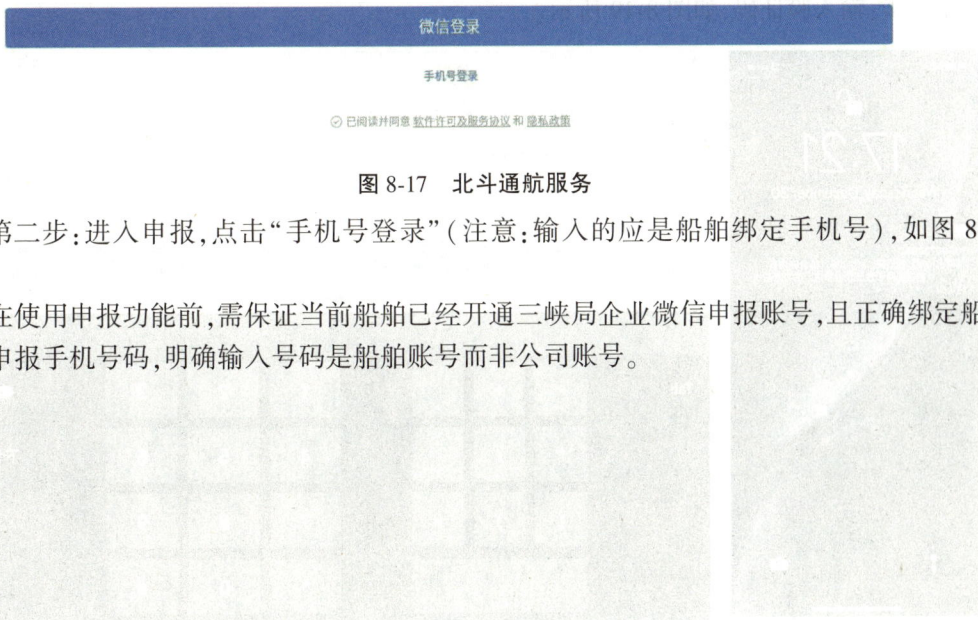

图 8-17　北斗通航服务

第二步：进入申报，点击"手机号登录"（注意：输入的应是船舶绑定手机号），如图 8-18 所示。

在使用申报功能前，需保证当前船舶已经开通三峡局企业微信申报账号，且正确绑定船舶专用申报手机号码，明确输入号码是船舶账号而非公司账号。

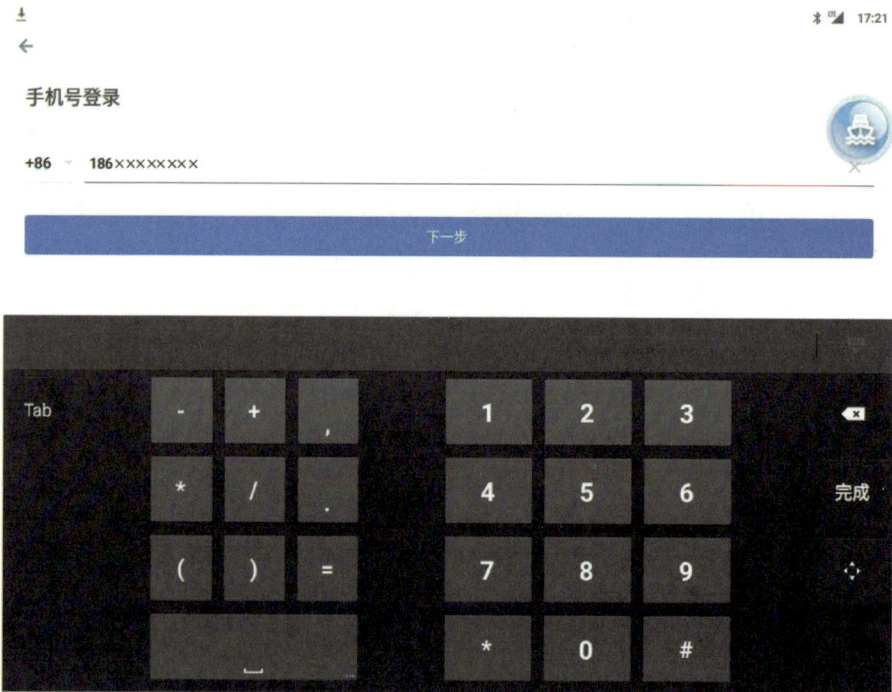

图 8-18　北斗手机号登录

开通网址：https：//remote. sxthj. org. cn：10182/svr/website/

第三步：输入验证码，如图 8-19 所示。

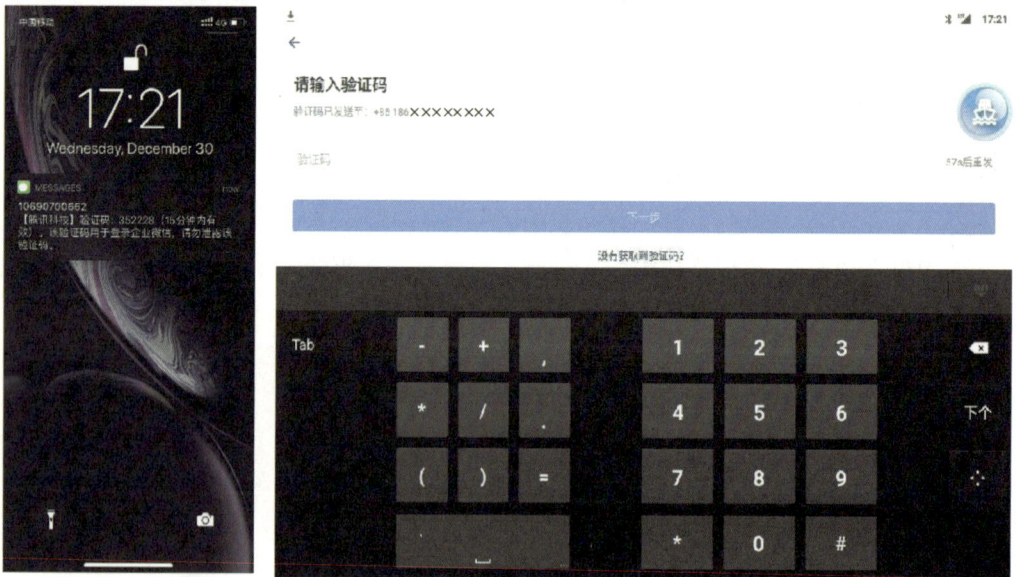

图 8-19　北斗输入验证码

第四步：进入企业微信功能界面，如图 8-20 所示。

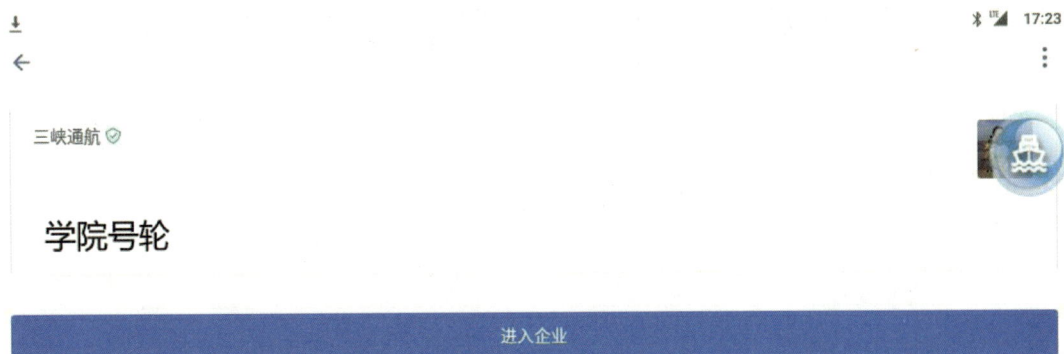

图 8-20 北斗企业微信功能界面

注意：

①如果有多个企业，请选择"三峡通航"这个企业账号登录。

②如果提示输入其他手机号码，请输入船舶所在船公司其他船舶的企业微信账号。

③其他手机号码每天只能输入 3 次，超过 3 次后该船舶申报账号将被锁定，请慎重操作。

四、远程申报（过闸申报）操作

1.点击"工作台"，点击"远程申报"按钮，如图 8-21（a）所示。

2.若是首次使用，选择申报船舶，如图 8-21（b）所示。

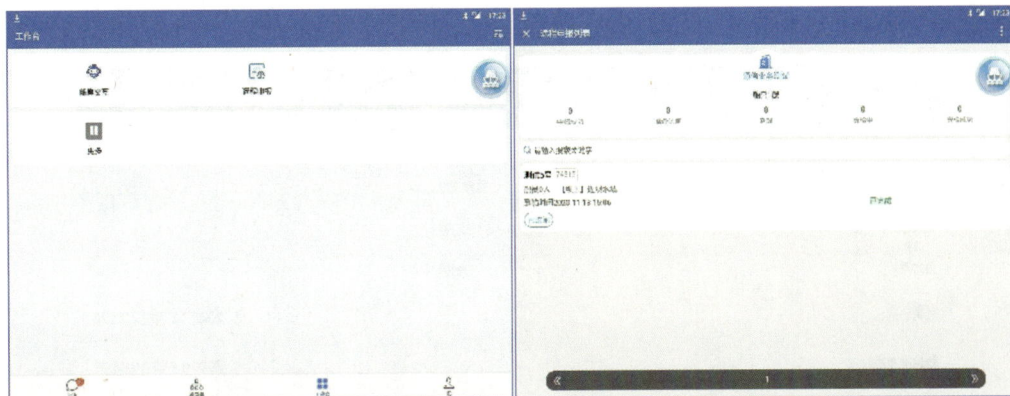

（a） （b）

图 8-21 北斗"远程申报"

3. 点击"申报填写"打开申报填写界面,如图 8-22 所示。

图 8-22　北斗"申报填写"

4. 填写申报信息。

(1)填写申报"基本信息",如图 8-23 所示。

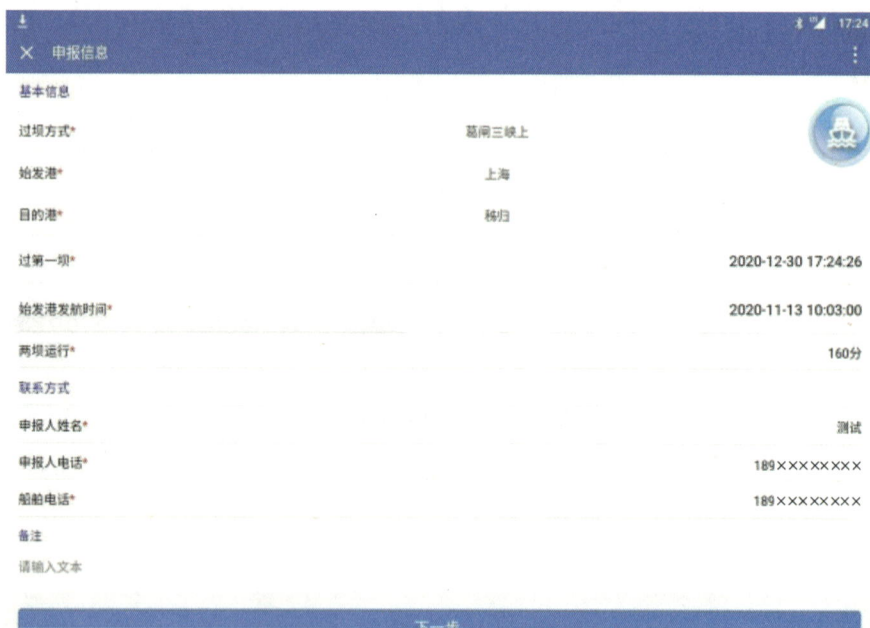

图 8-23　北斗申报"基本信息"填写

(2)填写申报"过坝参数",如图 8-24 所示。

(3)填报安检申请。

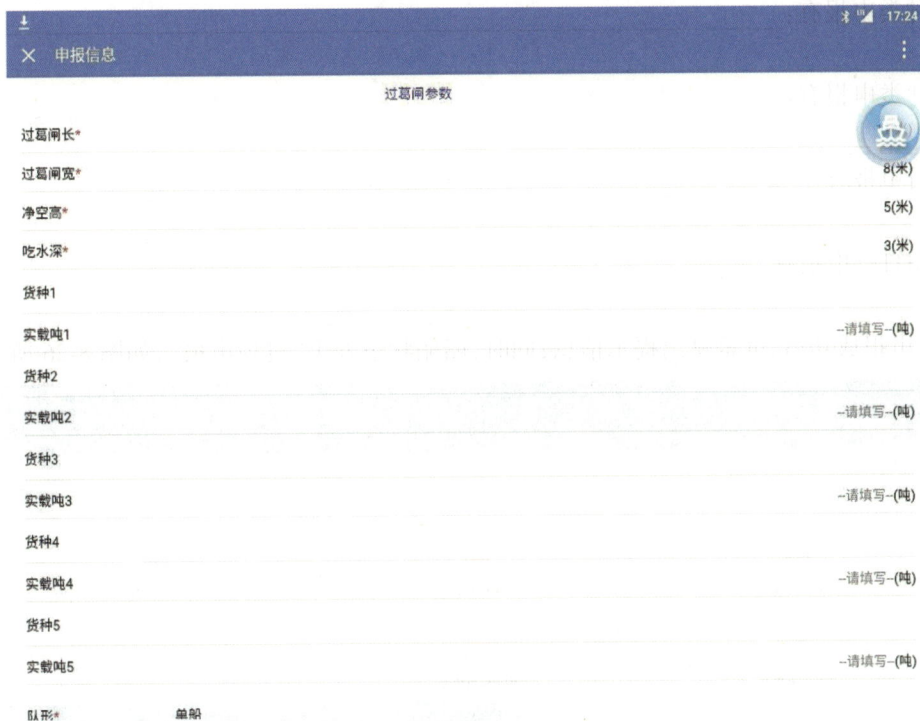

图 8-24　北斗申报"过坝参数"填写

①填写"过闸船舶安全自检记录表"(需根据船舶实际情况选择"合格"、"不合格"或者"不适用"),如图 8-25(a)所示。

②申报参数检查页,如图 8-25(b)所示。申报参数主要有:基础类、货种类、尺寸类、船员和船舶自查。参照北斗终端,结合使用说明,完成以下空白内容。

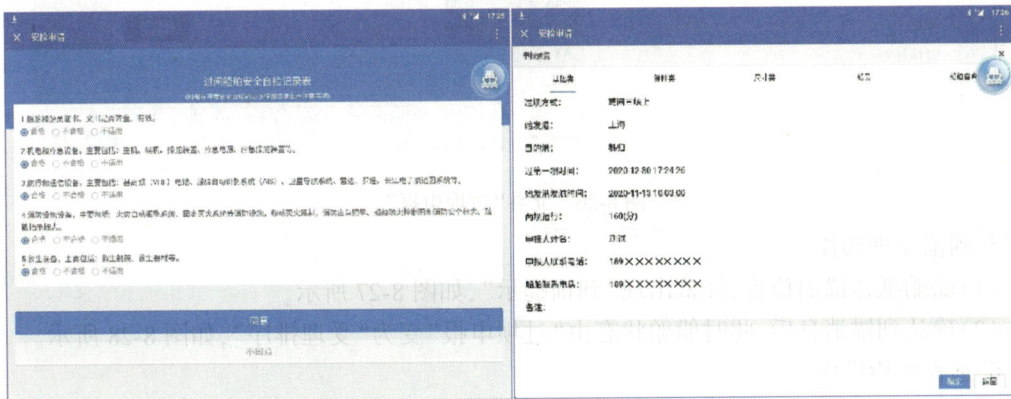

(a)　　　　　　　　　　　　　　　　　(b)

图 8-25　北斗申报"过闸船舶安全自检记录表"填写

基础类申报有:＿＿＿＿＿＿＿＿＿＿＿＿＿＿＿＿＿＿＿＿＿＿＿＿＿＿＿＿＿＿＿＿

货种类申报有：_____

_____

尺寸类申报有：_____

_____

船员申报有：_____

_____

船舶自查申报有：_____

_____

（4）申报成功后，屏幕跳出提示信息；同时，船舶状态处于"过坝申报"，如图8-26所示。

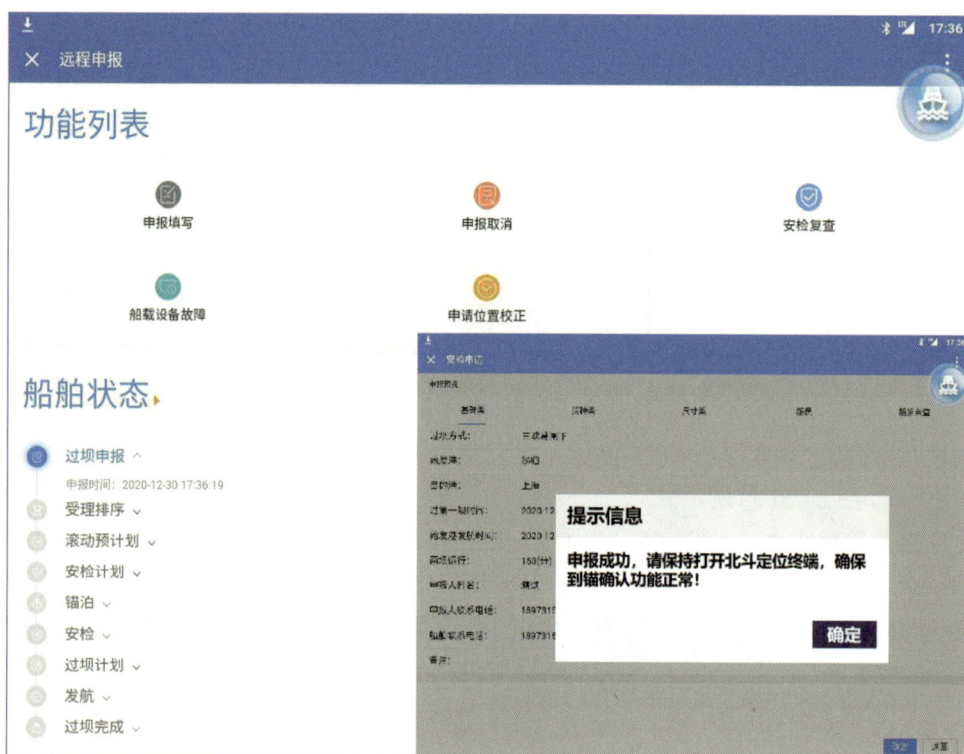

图8-26　北斗"过坝申报"

5.到锚受理操作。

（1）船舶抵达锚泊位置，屏幕出现"到锚提示"，如图8-27所示。

（2）确认到锚消息后，此时船舶状态由"过坝申报"变为"受理排序"，如图8-28所示。

6.远程安检操作。

（1）船舶排入"滚动预计划"并接收指挥中心的点检任务后，收到"安检计划"，如图8-29所示。

（2）点击"互动安检"进入安检界面，如图8-30（a）所示；刷身份证，注视屏幕进行船员身份核验（若已进行过船员及其职务的申报，此处会直接进行核验，无须选择），如图8-30（b）所示。

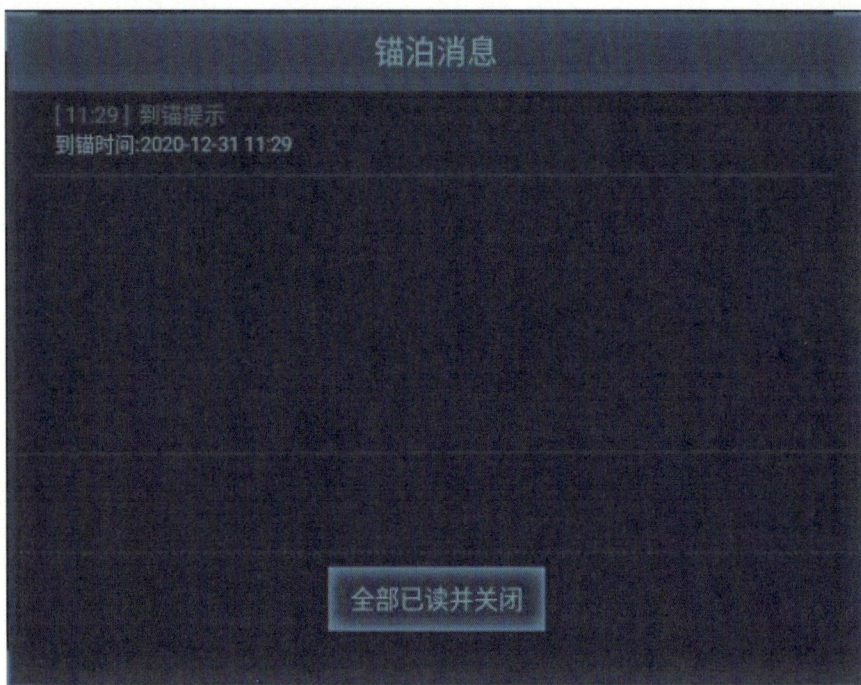

图 8-27　北斗"到锚提示"

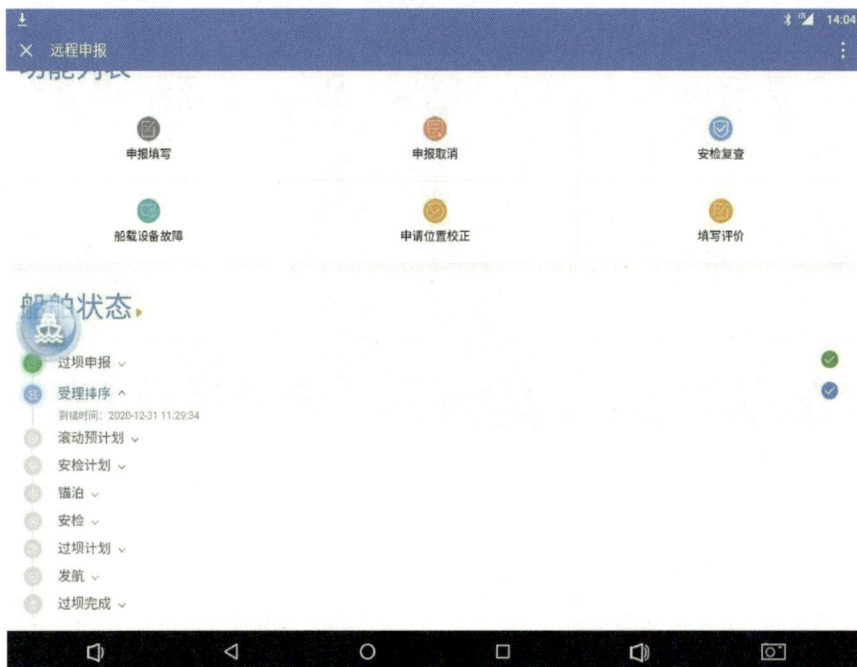

图 8-28　北斗"过坝申报"变为"受理排序"

图 8-29　北斗"安检计划"

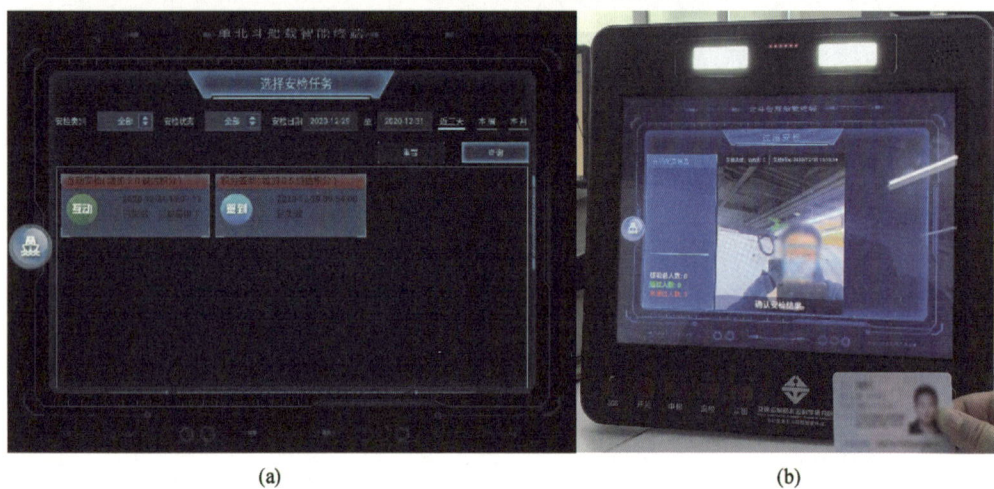

(a)　　　　　　　　　　　　　　(b)

图 8-30　北斗"互动安检"

五、查看消息操作

阅读操作说明,结合多功能北斗,查询通航公告,如图 8-31 所示。

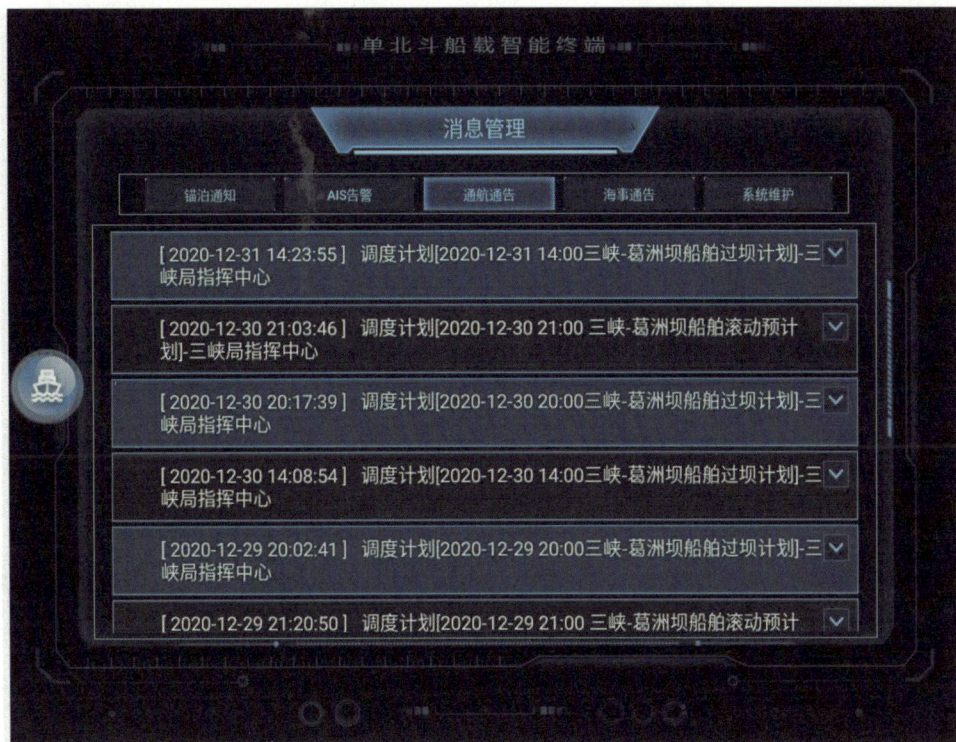

图 8-31　北斗查看消息

六、AIS 功能操作

结合本书 AIS 项目,查看和设置 AIS 功能,如图 8-32 所示,并完成以下操作。

1. 接收读取 AIS 消息:＿＿＿＿＿＿＿＿＿＿＿＿＿＿＿＿＿＿＿＿＿＿＿＿＿＿＿＿

2. 编辑发送 AIS 消息:＿＿＿＿＿＿＿＿＿＿＿＿＿＿＿＿＿＿＿＿＿＿＿＿＿＿＿＿

3. 读取 AIS 静态信息:＿＿＿＿＿＿＿＿＿＿＿＿＿＿＿＿＿＿＿＿＿＿＿＿＿＿＿＿

4. 修改 AIS 动态信息:＿＿＿＿＿＿＿＿＿＿＿＿＿＿＿＿＿＿＿＿＿＿＿＿＿＿＿＿

5. 识读周围船舶信息:＿＿＿＿＿＿＿＿＿＿＿＿＿＿＿＿＿＿＿＿＿＿＿＿＿＿＿＿

七、其他功能操作及系统设置

(一)对照说明书,对本机系统进行适当设置,如图 8-33 所示,并完成以下操作。

1. 手机 Wi-Fi 连接:＿＿＿＿＿＿＿＿＿＿＿＿＿＿＿＿＿＿＿＿＿＿＿＿＿＿＿＿＿

2. 亮度、音量调节:＿＿＿＿＿＿＿＿＿＿＿＿＿＿＿＿＿＿＿＿＿＿＿＿＿＿＿＿＿

3. 锚位申请功能操作:＿＿＿＿＿＿＿＿＿＿＿＿＿＿＿＿＿＿＿＿＿＿＿＿＿＿＿＿

4. 报警声音、报警光设置:＿＿＿＿＿＿＿＿＿＿＿＿＿＿＿＿＿＿＿＿＿＿＿＿＿

5. 开机记录读取:＿＿＿＿＿＿＿＿＿＿＿＿＿＿＿＿＿＿＿＿＿＿＿＿＿＿＿＿＿＿

图 8-32　北斗 AIS 功能

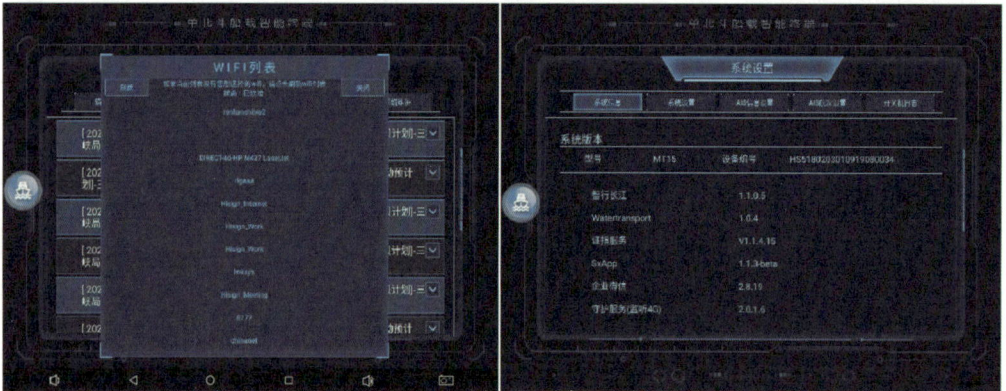

图 8-33　北斗其他功能操作及系统设置

(二)查阅资料,简述 VDR 的功能(船舶航行数据记录、显示、打印,自检和故障报警)。

学习任务 三

新诺XN60BD导航系统的基本操作

学习目标

1. 能描述本导航系统的主要功能。
2. 能描述本导航系统各功能键的作用。
3. 能使用本导航系统进行差分定位。
4. 能对本导航系统进行航迹操作、导航操作、标绘数据操作及 AIS 操作。

学习过程

一、认知新诺 XN60BD 导航系统

(一)了解新诺 XN60BD 导航系统各功能键的作用,如图 8-34 所示。

阅读新诺 XN60BD 导航系统使用说明,写出以下功能键的作用:

①【主页】键:_____

②【确认】键/旋钮:_____

③【菜单】键:_____

④【返回】键:_____

⑤【▲、▼、◄、►】键:_____

⑥【自定义】键:_____

⑦【电源】键:_____

⑧【导航至】键:_____

⑨【MOB】键:_____

⑩SIM/SD 卡槽:_____

图 8-34　新诺 XN60BD 导航系统各功能键

(二)对照工作页,查阅资料,简述新诺 XN60BD 导航系统的主要功能。

二、系统设置

对照使用说明,完成以下操作:

1. 设备音量、亮度调节。

2. 航道图画面显示和操作。

3. 网络连接。

4. 注册、登录与忘记密码操作。

5. 差分定位信号源与参数设置(见图 8-35)。

图 8-35　差分定位信号源与参数设置

三、航迹操作

对照使用说明,参考 GPS 的使用方法,完成以下操作:

1. 航迹记录。

①继续上一条记录;

②新建一条记录;

③选择一条记录。

2. 航迹颜色切换。

3. 航迹删除。

4. 航迹批量编辑、删除。

四、导航数据操作

对照使用说明,参考 GPS 的使用方法,完成以下操作:

1. 导航数据创建。

2. 导航数据删除。

3. 导航数据批量编辑、删除。

五、导航操作

对照使用说明,参考 GPS 的使用方法,完成以下操作:

1. 调用导航数据/MOD 进行导航。

2. 调用历史导航数据。

六、标绘数据操作

对照使用说明,参考 GPS 的使用方法,完成以下操作:

1. 标绘数据创建。
2. 标绘数据删除。
3. 标绘数据批量编辑、删除。

七、AIS 操作

对照使用说明,参考 GPS 的使用方法,完成以下操作:

1. AIS 列表查看。
2. AIS 雷达画面显示。
3. 静态参数与航行参数查看。
4. 船队管理。
5. 安全信息查看。
6. 视频监控。

八、船用北斗导航系统在内河船舶中的应用

1. 船员可实时在北斗导航系统中查看船舶位置(经纬度),并将船位显示在电子江图上。
2. 交通运输部水运科学研究所多功能北斗船载智能终端导航系统具有 AIS 功能。
3. 船员可用北斗导航系统进行报闸。
4. 船员可在北斗导航系统显示屏上查阅电子江图。

学习任务 ④
工作总结与评价

▤ 学习目标

1. 能结合自身任务完成情况,正确规范撰写工作总结。
2. 能按分组情况,分别派代表叙述本小组的工作成果,说明本次任务完成情况,并进行分析总结。
3. 能就本次任务中出现的问题,提出整改措施。
4. 能对本次工作进行反思,并能与他人交流,总结工作经验。

▦ 学习过程

一、个人自评

二、小组评价

三、教师总结

(一)对各组完成任务的优点进行评价。

(二)找出各组完成任务的缺点,提出改进方案。

(三)对整个任务完成的优点和缺点进行点评。

四、评价与分析表

表 8-1　评价与分析表

班级_____　　组别_____　　组长_____

小组成员_____

项目	个人自评（10%）			小组评价（20%）			教师总结（70%）		
	9~10	6~8	1~5	9~10	6~8	1~5	9~10	6~8	1~5
学习任务一									
学习任务二									
学习任务三									
安全文明									
规范操作									
协作精神									
纪律观念									
工作态度									
学习主动性									
工作页完成质量									
小计									
总评									

船用磁罗经及其使用

学习目标

1. 掌握船用磁罗经的分类及作用。
2. 掌握磁罗经的结构。
3. 掌握方位仪结构及利用方位仪测量目标方位。
4. 掌握船用磁罗经的使用和保养注意事项。

建议学时

8 学时。

工作流程与活动

1. 认知船用磁罗经(2 学时)。
2. 船用磁罗经的使用和保养(5 学时)。
3. 船用磁罗经的学习成果展示与评价(1 学时)。

情景导入

1. 工作情景描述

船舶进入洞庭湖,由于能见度受限,船舶在航行中难以依靠航标来辨别航向,需实时依靠磁罗经判断船舶航向与预定航线是否一致。

2. 学习导入

(1)安全作业、实训规范教育

(2)磁罗经使用注意事项

(3)辉煌历史:中国四大发明——指南针促进航海发展

四大发明是中国古代创新的智慧成果和科学技术,包括造纸术、指南针、火药、印刷术。四大发明对中国古代的政治、经济、文化的发展产生了巨大的推动作用,经各种途径传至西方,对世界文明的发展也产生了巨大的影响力。

指南针:人们首先发现了磁石吸引铁的性质,后来又发现了磁石的指向性。经过多方面的实验和研究,终于发明了实用的指南针。最早的指南针是用天然磁体做成的,这说明中国古代劳动人民很早就发现了天然磁铁及其吸铁性。据古书记载,远在春秋战国时期,由于当时的社会正处在奴隶社会向封建社会过渡的大变革时期,生产力有了很大的发展,特别是农业生产更加兴盛发达,因而促使了采矿业、冶炼业的发展。

郑和下西洋:郑和下西洋是明代永乐、宣德年间的一场海上远航活动,首次航行始于永乐三年(1405 年),末次航行结束于宣德八年(1433 年),共计七次。使团正使由郑和担任,船队航行至婆罗洲以西洋面(即明代所谓"西洋")。在七次航行中,三宝太监郑和率领船队从南京出发,在江苏太仓的刘家港集结,至福建福州长乐太平港驻泊伺风开洋,远航西太平洋和印度洋,拜访了 30 多个国家和地区。郑和下西洋是中国古代规模最大、船只和海员最多、时间最久的海上航行,也是在 15 世纪末欧洲的地理大发现的航行以前世界历史上规模最大的一系列海上航行。

学习热身

●磁罗经简介

一、磁罗经的定义及作用

磁罗经有工作可靠、指向灵敏、不依赖电源、结构简单、价格低廉和管理维护方便等优点,它是根据在水平面内自由旋转的磁针因受地磁作用而具有稳定指示磁北方向的特性制成的。因为内河船舶对航向精度要求不高,而且船舶频繁转向,一般用磁罗经作为船舶的导航仪器,也可用其观测物标的方位。内河船舶常用的磁罗经如图 9-1 所示。

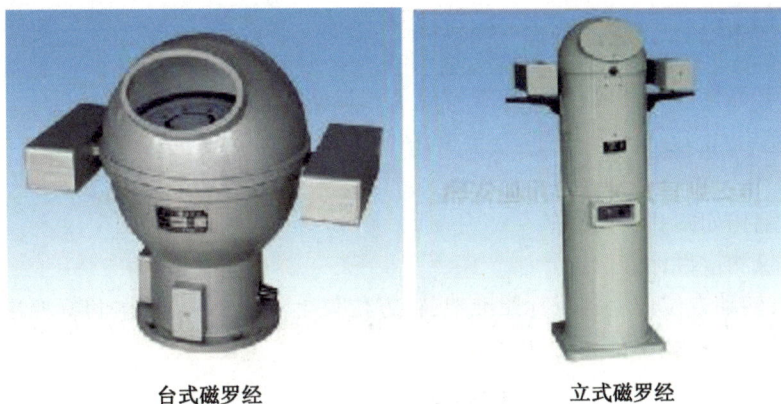

台式磁罗经　　　　　　　立式磁罗经

图 9-1　内河船舶常用的磁罗经

二、磁罗经的分类

（一）标准罗经：安装于露天顶甲板上，受船磁影响小，视野好。借助折光系统或投影装置将刻度盘和基线反射到驾驶台内，供操舵用。故其称为标准罗经。

（二）操舵罗经：安装于操舵轮正前方，供操舵用。

（三）应急罗经：安装于船尾应急（太平）舵前，供操应急舵用。

（四）救生艇罗经：安装于救生艇上的小型液体罗经，供操纵救生艇用。

三、磁罗经的组成

磁罗经主要由罗经盆和罗经柜两部分组成，如图 9-2 所示。

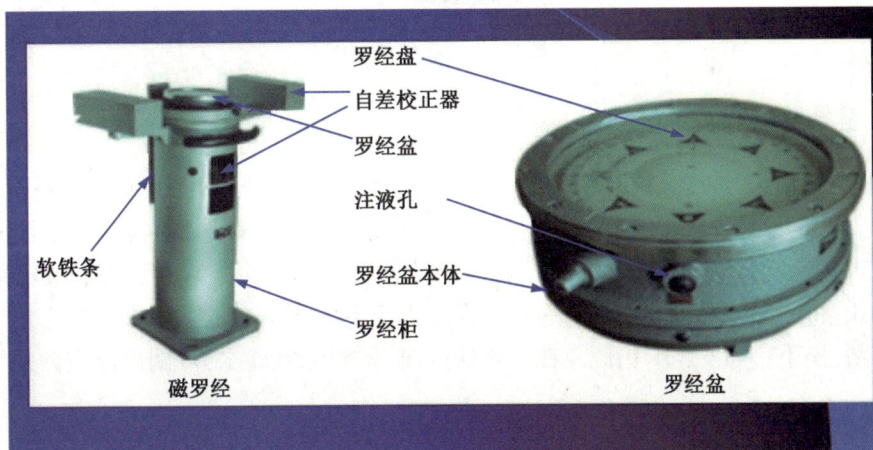

图 9-2　磁罗经的组成

（一）罗经盆

1. **罗经盆本体**：由非铁磁材料制成，由罗经液、基线、盆底等组成。

2. **罗经盘**：罗经指示方向的灵敏部件。罗经盘由刻度盘（刻有 0°～360° 刻度，北为 0°、东为 90°、南为 180°、西为 270°）、浮室、磁针或磁钢、轴帽组成。

（二）罗经柜

罗经柜由非磁性材料制成，用于放置罗经盆和自差校正器。

四、方位仪的结构

方位仪的结构如图 9-3 所示。

利用方位仪测量目标方位：

选定目标，转动方位仪上的目标照准架，将方位仪上的目标照准孔、目标照准线与目标三者连成一直线后即可读取目标的方位读数。

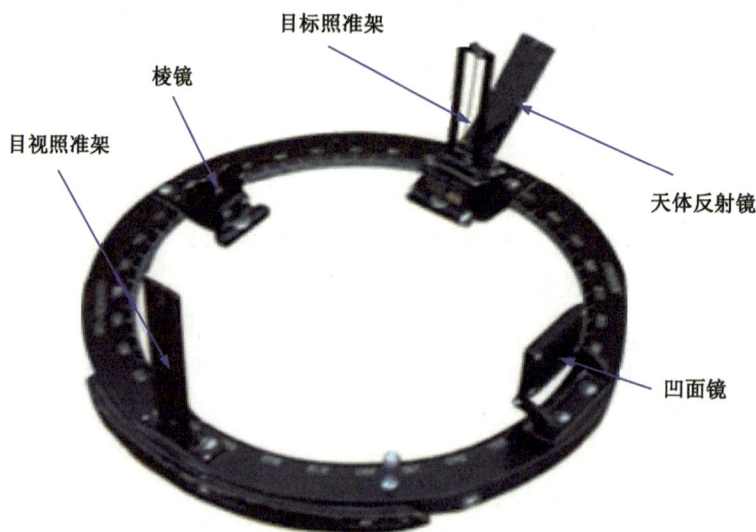

图 9-3　方位仪的结构

五、磁罗经的检查和维护

检查磁罗经的灵敏度。可在船固定于码头，船上岸上机械不工作，且磁罗经自差不大的情况下检查。先观看基线所指的度数，然后用小铁块吸引罗经卡偏转 2°～3°，等铁块拿开后，看罗经卡能否回到原处，如偏离超过 0.2°，则表示轴针或轴帽已磨损，应更换轴针或轴帽。

检查浮室是否漏水。如罗经卡倾斜，多半是由浮室漏水引起的。检查时用手压罗经卡使之倾斜片刻，松手后如罗经卡仍倾斜在手压的方向，说明浮室漏水，可倒出浮室内的漏水后用焊锡修补。

检查有无气泡。罗经盆内出现气泡会影响罗经指向及盆体平衡，必须消除。如罗经盆内产生大量气泡，大多是由橡皮垫圈失效造成的，应更换垫圈。少量气泡可通过注液孔灌注罗经液消泡。罗经液用 45% 的酒精及 55% 的蒸馏水调制而成。

检查罗经卡的轴心是否位于罗经盆中心。旋转罗经盆时，若罗经卡边缘与罗经盆的内壁间距不相等，则说明罗经卡轴心偏离罗经盆中心。若偏离过大以致罗经卡碰擦罗经盆，应修理轴针和轴帽。

检查基线。罗经卡不能碰擦基线，如有四根基线，则相邻两根基线应准确间隔 90°。

检查校正磁棒是否生锈和失磁。可在校正磁罗经时检查,若磁棒生锈和失磁,应换新。

磁罗经的保养及注意事项:

1. 活动摩擦部分保持润滑。罗经盆轴、常平环、减震系统等活动摩擦部分应经常加油保持润滑。

2. 防止受高温退磁。标准罗经应避免太阳曝晒,不用时除盖上罗经罩外,还应加盖帆布罩。

3. 防止震动退磁。不许敲击磁罗经,在驾驶室内及附近也不能敲击和敲锈,避免磁罗经受震动。

4. 保持罗经指向准确。罗经校正后,不许移动磁棒、软铁球(片)及佛氏铁等校正器,罗经柜门应锁紧。不许带铁器进入驾驶室,以免影响罗经的准确性。

5. 定期检查罗经是否有气泡、底脚钉是否松动等,冬季还应防冻,保持罗经技术状态良好。

6. 磁罗经应安装于观测方便之位置。操舵罗经根据需要可安装于纵中剖面上或其附近一侧。安装于纵中剖面上的罗经称为正装罗经;安装于纵中剖面附近的罗经称为偏装罗经。罗经的指向基线应与纵中剖面重叠或平行,其误差应小于 $0.5°$。

7. 磁罗经应保持正平、牢固。罗经柜的轴线应与船的水平剖面相垂直,罗经底座应用垫板和铜螺钉固牢。

8. 磁罗经周围经常移动的物体如门、窗等,应避免用铁材。

9. 磁罗经与带磁性器件如扬声器、雷达、回声测深仪、电动操舵器、探照灯、栏杆、支柱等,均应保持一定距离。

10. 靠近磁罗经的电线应双线并列,避免电磁对罗经的影响。

学习任务 一

认知船用磁罗经

学习目标

1. 能熟知船用磁罗经的主要作用。
2. 能熟知船用磁罗经的分类。
3. 能熟知船用磁罗经的结构。
4. 能了解罗经盆、罗经柜的作用。

学习过程

一、认知磁的概念

查阅资料,完成以下空白内容:

(一)何为磁场?

_____

_____

_____

_____

(二)写出图9-4中N、S代表的含义并画出其磁场线。

_____

_____

_____

_____

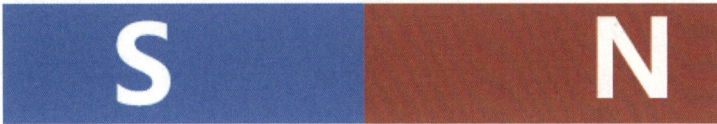

图 9-4　磁铁两极

（三）磁性物质有哪些？

_____

_____

_____

（四）磁场有哪些性质？

_____

_____

_____

_____

二、磁罗经的基本认知

查阅资料，完成以下空白内容：

（一）什么是磁罗经？

_____

_____

_____

（二）它的主要作用是什么？

_____

_____

_____

_____

三、认知磁罗经的分类

查阅资料,写出以下不同种类磁罗经的特点:

(一)标准罗经:

_____

_____

_____

_____

(二)操舵罗经:

_____

_____

_____

_____

(三)应急罗经:

_____

_____

_____

_____

(四)救生艇罗经:

_____

_____

_____

_____

四、认知磁罗经的组成

(一)认知磁罗经的基本结构

在老师的指导下对磁罗经实物进行仔细观察、了解,结合图9-5,完成以下空白内容:

1. 磁罗经由_____构成。

2. 写出图9-5中①~④的名称:

①为:_____。

②为:_____。

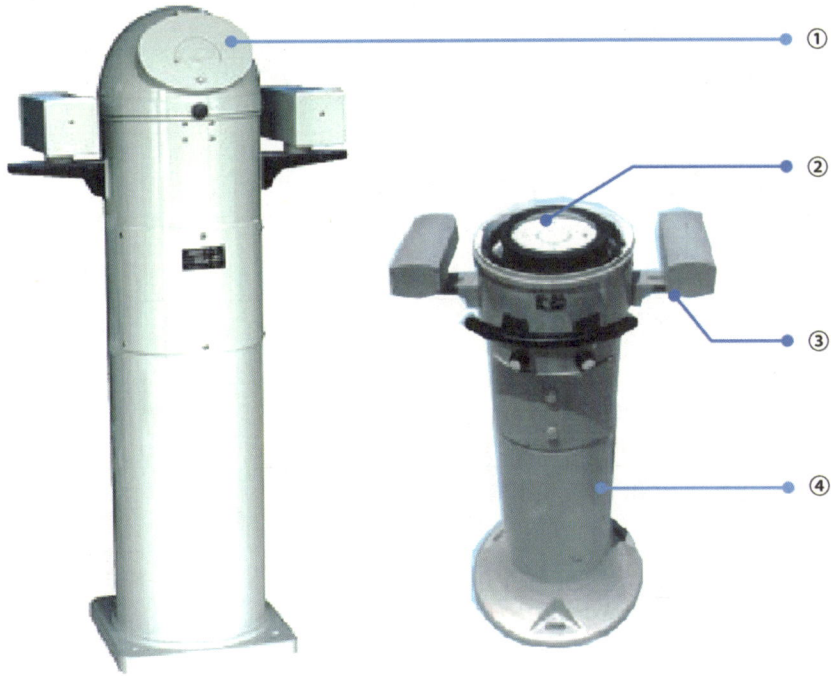

图 9-5　磁罗经的基本结构

③为：＿＿＿＿＿＿＿＿＿＿＿＿＿＿。

④为：＿＿＿＿＿＿＿＿＿＿＿＿＿＿。

(二) 认知磁罗经罗经盆的结构

查阅资料,结合图 9-6,完成以下内容:

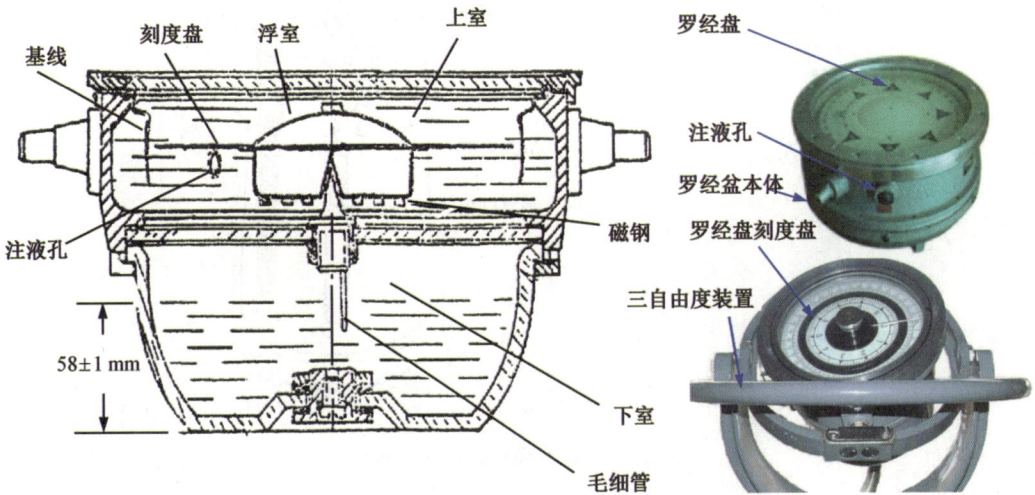

图 9-6　磁罗经罗经盆的结构

1. 罗经盆的材质是什么?

_____

2. 罗经盆由哪些原件构成?

_____

3. 罗经盆内液体的组成是什么?

_____

4. 罗经盘的作用是什么?

_____

5. 注液孔的作用是什么?

_____

6. 三自由度装置的作用是什么?

_____

7. 罗经盘为何设置上室和下室,并用毛细管连接?

_____

(三)认知磁罗经罗经柜的结构

查阅资料,结合图 9-7,完成以下内容:

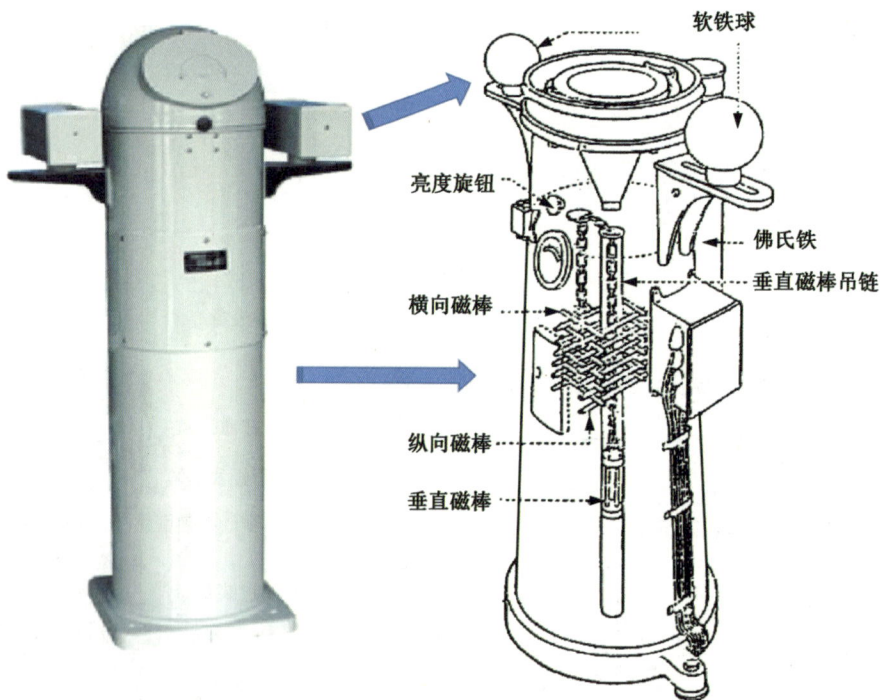

图 9-7　磁罗经罗经柜的结构

1. 罗经柜的材质是什么?

2. 罗经柜内装置了哪些元件? 其作用是什么?

五、认知磁罗经方位仪

查阅资料,结合图 9-8,完成以下空白内容:

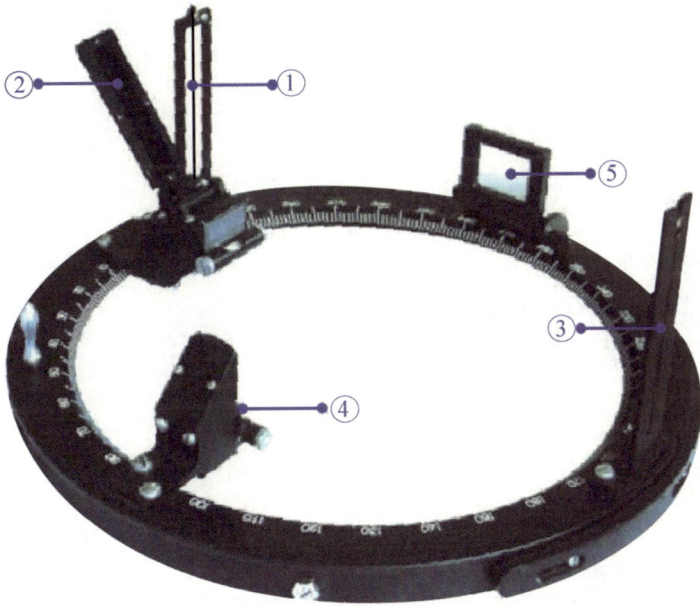

图 9-8　磁罗经方位仪

(1)简述方位仪的功能。

(2)写出图 9-8 中①~⑤的名称及作用。

学习任务 二
船用磁罗经的使用和保养

学习目标

1. 能使用磁罗经进行导航、定位。
2. 能使用磁罗经测定目标方位。
3. 能描述磁罗经误差理论。
4. 能对磁罗经进行日常检查和保养。

学习过程

一、使用磁罗经进行导航

读取磁罗经航向,对照航行图,查看船舶是否落位。

二、使用磁罗经进行船舶定位

查阅资料,依照图9-9,用磁罗经观测物标方位,绘制出本船当前船位。

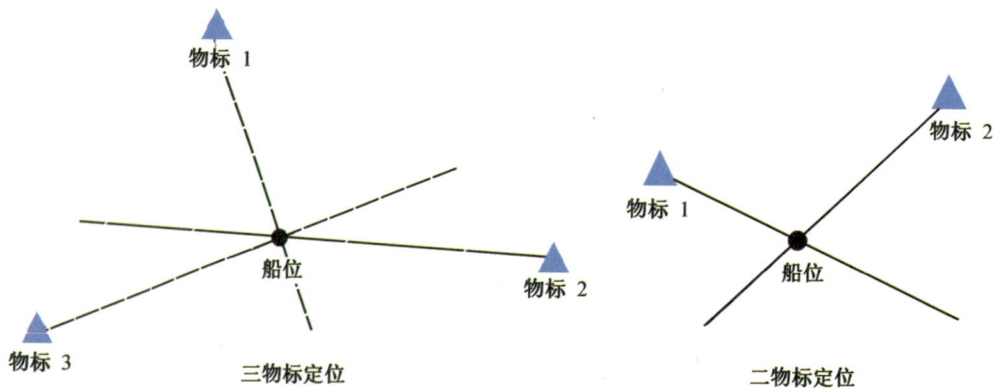

图 9-9　使用磁罗经进行船舶定位示意图

三、使用磁罗经测定物标方位

将方位仪平放到磁罗经罗经盆上,测定以下物标方位,如图 9-10 所示。

(1)选定某一显著物标,采用正确方式测定其方位。

(2)采用正确方式测定太阳方位。

(3)晴空夜晚时,测定某一天体方位。

图 9-10 使用磁罗经测定物标方位

四、认知磁罗经的罗经差

查阅资料,结合图 9-11,完成以下空白内容:

1.何为磁罗经自差? 磁罗经自差的主要影响因素有哪些?

_____

_____

_____

2.解释以下名词:

(1)磁北:

_____

_____

_____

（2）磁差：

_____

_____

_____

_____

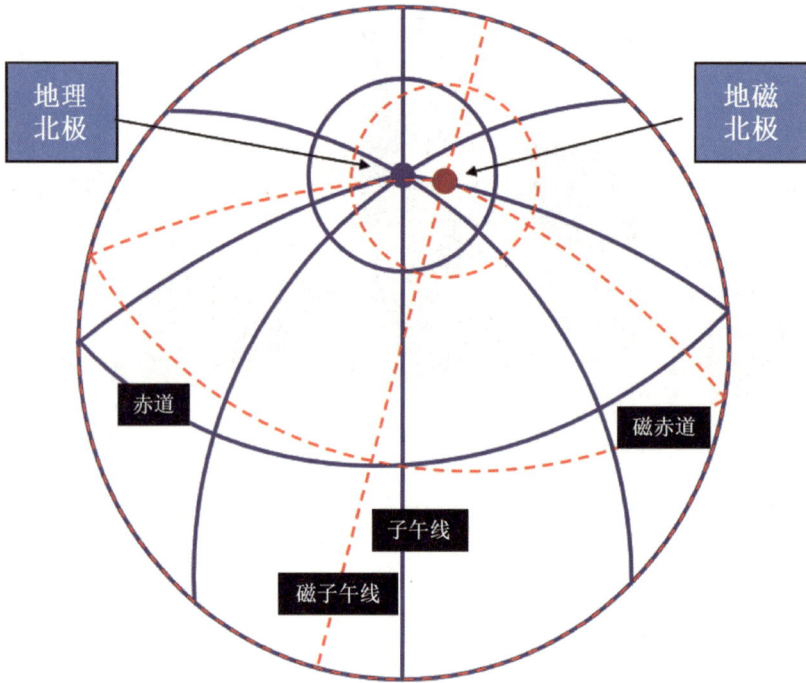

图 9-11　磁子午线

五、校正罗经的准备工作和具体步骤

（一）准备工作

1. 利用压载水舱，将船保持正平。

2. 船上设备，如吊杆、罗经附近探照灯、舱盖等活动部分，均应按正常航行状态固定好。

3. 根据校正日期，以及旋回海区的经纬度和磁差，计算校正罗经时间段内的天体磁方位。

4. 在港口附近校正罗经，可选用合适的叠标，画叠标线草图并标明各叠标线的磁方位，以备天气变化看不见天体时用。

5. 在港口附近陆地，远离有铁件的地方，将倾差仪 N 端向北，离地至少 1 m 以上，测地磁力 z，记下滑重所在的格数 n。将滑重推移到 $n' = \lambda n$（λ 为倾斜自差系数）的格数处。

6. 检查标准罗经与操舵罗经的首基线是否在船舶首尾面中。

7. 检查罗盘的灵敏度和摆动半周期。

8. 检查方位仪的准确性。

9. 检查罗经盆内是否有气泡,若有气泡,应补充罗经液消除气泡。

10. 对新磁铁应检查油漆颜色是否与极性相符,对旧磁铁应去锈补漆。

11. 新船第一次校正罗经,应将校正软铁(球或片)置于支架中间,参考同类型船的佛氏铁长度放置佛氏铁。若非第一次校正罗经,此步骤可免。

12. 船到达旋回区开始校正罗经前,挂信号旗 OQ。

(二) 具体步骤(选修)

1. 船航向保持 E(或 W),取下罗经盆,放上倾差仪,调垂直磁棒,使倾差仪的磁针水平(倾差仪的滑重移在 $n' = \lambda n$ 处)。

2. 罗经磁航向保持 E(或 W),测自差 δ_E,调纵磁棒,将自差校正为零。重新使罗经磁航向为 E,再测自差 δ_E,重调纵磁棒再将自差校正为零。有陀螺罗经的船可根据陀螺罗经的航向将船操在罗经磁航向上。罗经磁航向保持 N(或 S),测自差 δ_N,调横磁棒将 δ_N 校正为零。若仅有磁罗经,应重复校正。

3. 罗经磁航向保持 W(或 E),测自差 δ_W,调纵磁棒,将自差 δ_W 消除一半,保留 $\delta_W/2$。

4. 罗经磁航向保持 S(或 N),测自差 δ_S,调横磁棒,将自差 δ_S 消除一半,保留 $\delta_S/2$。

5. 船转至象限航向 SE(或 NW),测自差 δ_{SE},调整软铁球或软铁片,将自差 δ_{SE} 消除为零。

6. 在相邻象限航向 NE(或 SW),测自差 δ_{NE},再移动软铁球或软铁片,将自差 δ_{NE} 消除一半,保留 $\delta_{NE}/2$。

7. 测定 8 个航向(N、NE、E、SE、S、SW、W、NW)上的自差并记录之。

8. 记下各校正器位置并固定各校正器。

9. 根据 8 个航向的剩余自差,制作自差表。

上述校正中,在相反的主航向以及相邻的象限航向上测得的自差,若不超过±1°,可不必校正一半,即可作为该航向的剩余自差。

(三) 查阅倾差仪的功能和使用方法

_____

_____

_____

_____

六、检查磁罗经

(一) 测试检查磁罗经的灵敏度

按以下步骤完成(可在船固定于码头,船上岸上机械不工作,且自差不大的情况下检查):

1. 先观看基线所指的度数,然后用小铁块吸引罗经卡偏转 2°～3°。

2. 铁块拿开后,看罗经卡能否回到原处。

如偏离超过 0.2°,则表示轴针或轴帽已磨损,应更换轴针或轴帽。

(二) 检查浮室

1. 检查浮室是否漏水

如罗经卡倾斜,多半是由浮室漏水引起的。检查时用手压罗经卡使之倾斜片刻,松手后如罗经卡仍倾斜在手压的方向,说明浮室漏水,可倒出浮室内的漏水后用焊锡修补。

2. 检查有无气泡

罗经盆内出现气泡会影响罗经指向及盆体平衡,必须消除。如罗经盆内产生大量气泡,大多是由橡皮垫圈失效造成的,应更换垫圈。少量气泡可通过注液孔灌注罗经液消泡。罗经液用 45%的酒精及 55%的蒸馏水调制而成。

(三) 检查罗经卡的轴心是否位于罗经盆中心

旋转罗经盆时,若罗经卡边缘与罗经盆内壁的间距不相等,则说明罗经卡轴心偏离罗经盆中心。若偏离过大以致罗经卡碰擦罗经盆,应修理轴针和轴帽。

(四) 检查基线

罗经卡不能碰擦基线,如有四根基线,则相邻两根基线应准确间隔 90°。

(五) 检查校正磁棒是否生锈和失磁

在校正罗经时检查,若磁棒生锈和失磁,应换新。

七、磁罗经的保养及注意事项

1. 磁罗经应保持清洁的部件有哪些?

_____

_____

_____

_____

2. 如何防止磁罗经受高温退磁?

_____

_____

_____

_____

3. 如何防止磁罗经受震动退磁？

_____

_____

_____

_____

4. 如何保持磁罗经指向准确？

_____

_____

_____

_____

5. 磁罗经的安装注意事项有哪些？

_____

_____

_____

_____

八、磁罗经在内河船舶上的应用

磁罗经在内河长江干线使用较少，在湖泊、雾区等岸标较少的水域使用较多。其主要功能是提供航向，舵工可借助它准确操舵。

学习任务 三
工作总结、评价与课后拓展

学习目标

1. 能结合自身任务完成情况,正确规范撰写工作总结。
2. 能按分组情况,分别派代表叙述本小组工作成果,说明本次任务完成情况,并进行分析总结。
3. 能就本次任务中出现的问题,提出整改措施。
4. 能对本次工作进行反思,并能与他人交流,总结工作经验。

学习过程

一、个人自评

_____

_____

_____

_____

_____

_____

_____

_____

二、小组评价

_____

_____

_____

_____

三、教师总结

(一)对各组完成任务的优点进行评价。

_____

_____

_____

_____

(二)找出各组完成任务的缺点,提出改进方案。

_____

_____

_____

_____

(三)对整个任务完成的优点和缺点进行点评。

_____

_____

_____

_____

四、评价与分析表

表 9-1　评价与分析表

班级＿＿＿＿＿＿　　组别＿＿＿＿＿＿　　组长＿＿＿＿＿＿

小组成员＿＿＿＿＿＿＿＿＿＿＿＿＿＿＿＿＿＿＿＿＿＿＿

项目	个人自评（10%）			小组评价（20%）			教师总结（70%）		
	9～10	6～8	1～5	9～10	6～8	1～5	9～10	6～8	1～5
学习任务一									
学习任务二									
安全文明									
规范操作									
协作精神									
纪律观念									
工作态度									
学习主动性									
工作页完成质量									
小计									
总评									

五、课后拓展

1.查阅磁罗经的发展历程,叙述磁罗经的发明对生产力的发展有何意义。

＿＿＿＿＿＿＿＿＿＿＿＿＿＿＿＿＿＿＿＿＿＿＿＿＿＿＿＿＿＿＿＿＿＿＿＿＿＿＿

＿＿＿

＿＿＿

＿＿＿

2. 谈谈磁罗经在日常生产生活中有哪些应用。

_____

_____

_____

_____

3. 选一晴朗及能见度良好的时间,运用磁罗经测定学校方位和学校周围显著物标方位,测定某一时间太阳方位,并绘制简易地图。

参考文献

［1］洪德本.航海仪器［M］.大连:大连海事大学出版社,2003.

［2］关政军.航海仪器(上册:船舶导航设备)［M］.大连:大连海事大学出版社,2009.

［3］范晓飚,黄勇亮.航道与引航［M］.大连:大连海事大学出版社,2016.

［4］范晓飚,黄勇亮.船舶引航［M］.大连:大连海事大学出版社,2020.

［5］刘元丰,邓华,易维银.船舶操纵［M］.大连:大连海事大学出版社,2020.

［6］中华人民共和国交通运输部办公厅.内河船舶船员适任培训和考试大纲(2019版)［S］, 2019.

［7］水运技术词典编委会.水运技术词典［S］.北京:人民交通出版社,2000.

［8］范晓飚.内河船舶船员实际操作技能手册(驾驶专业分册)［M］.大连:大连海事大学出版 社,2017.

［9］北斗卫星导航系统(www.beidou.gov.cn)［OL］,2022.